Los pétalos de la Rosa Blanca
Dos científicos chilenos durante la dictadura de Pinochet

Sue Carrié de la Puente

Sue Carrié de la Puente
(Santiago de Chile, 1986)

Periodista titulada en la Universidad de Santiago de Chile (Usach). Ha trabajado en medios nacionales y extranjeros. Desde el año 2014 se desempeña en el área de la investigación periodística. Entre sus trabajos destaca "Las ejecuciones del caso Chamiza, 1973: Crímenes de un Consejo de Guerra en Puerto Montt".

© Los pétalos de la Rosa Blanca
© Sue Carrié de la Puente

Fotografías y documentos:
Archivo de la autora

ISBN: 9781521820308

Primera edición, 2017

Santiago – Chile

Todos los derechos reservados de acuerdo a las leyes vigentes.

*Para Emilia, mi niña,
y Lawrence, con el que algún día volveremos a vernos.*

Agradecimientos

Por su apoyo y colaboración, agradezco al escritor Alejandro Lavquén. A Hernán Soto, subdirector de revista *Punto Final*. A la periodista Nancy Guzmán. A los académicos Romilio Espejo y Boris Chornik. Al conservador de bienes raíces de San Miguel, Esteban Ejsmentewicz y su asistente Edigio Díaz. Al padre Hernán Correa, y a cada uno de los entrevistados durante esta investigación. Finalmente, un agradecimiento especial a mi madre Ana de la Puente por creer en mí y en este proyecto.

Índice

INTRODUCCIÓN — 11

CAPÍTULO I:

Los laureles rojos marchitos — 15

Anexos I — 45

CAPÍTULO II:

¡Ahora es el turno del MIR! — 53

Anexos II — 93

Introducción

Para legitimar el régimen nazi, una de las medidas tomadas por el Tercer Reich, luego de su ascenso al poder, fue modificar el sistema educativo alemán. Entre sus objetivos principales se estableció la "defensa del orden social". Algunas de las medidas fueron destacar la carrera militar, restringir el ingreso de la mujer a la educación superior y expulsar de las universidades a los académicos judíos y disidentes de la política nazi.

Depurar las bibliotecas de literatura judía, izquierdista y de cualquier autor que no encajara con la doctrina del régimen, también fue parte de la "lista negra" del Führer. Para evitar su "peligrosidad", las autoridades de la época ordenaron la quema de miles de textos que, simbólicamente, reflejaron la persecución y expulsión de científicos e intelectuales de Alemania y Europa.

Esta situación afectó a destacados maestros debido a sus orígenes judíos. Entre ellos destacan los físicos Max Born[1] y Albert Einstein[2], y el sociólogo y filósofo Theodor Adorno. El ascenso de Adolf Hitler al poder provocó el encarcelamiento de quienes fueron críticos del nacionalsocialismo y del fascismo. Por ejemplo, Paul Langevin[3] y Primo Levi[4].

---

1 Born recibió el Premio Nobel de Física en 1954 por su trabajo en mecánica cuántica.

2 Por su trabajo sobre el efecto fotoeléctrico, Einstein recibió el Nobel de Física en 1922.

3 Físico francés que militó en el Partido Comunista y fue parte del Comité de París de la Liberación. En 1940 fue detenido por la Gestapo y desterrado a la ciudad francesa de Troyes. Cuatro años después huyó clandestinamente a Suiza. Tras la liberación de Francia retorna a París. Fallece el 19 de diciembre de 1946 a la edad de 74 años.

4 Químico, escritor y miembro de la resistencia italiana. Por su militancia política y tras declararse judío, en el año 1943 fue enviado al campo de concentración de Auschwitz, permaneciendo allí hasta 1945. Luego de su liberación, Levi escribió *Si esto es un hombre*, considerada una de las obras fundamentales de la literatura sobre los campos de concentración. Este texto es el primer pilar de su "Trilogía de Auschwitz", completada por *La tregua* y *Los hundidos y los salvados*. Se suicidó en Turín, Italia, su ciudad natal, en 1987.

Por temor a las represalias, no fueron muchos los que, a poco andar, manifestaban en público su desacuerdo con el sistema impuesto por Hitler y sus seguidores. En el año 1942, un grupo de jóvenes dieron vida al movimiento Rosa Blanca. Esta resistencia pacífica -encabezada por el estudiante de medicina de la Universidad de Munich Hans Scholl, su hermana Sophie y Christoph Probst-, tenía como fin difundir propaganda anti nazi y denunciar los abusos que el régimen cometía. A menos de un año de su creación, el grupo fue detenido por la policía secreta del Estado alemán, la Gestapo, mientras Sophie lanzaba panfletos desde el segundo piso de la universidad. En una sesión extraordinaria del Tribunal del Pueblo, los tres integrantes fueron acusados y sentenciados a la pena de muerte.

Tras el término de la Segunda Guerra Mundial, uno de los hechos que marcarían la historia y tendría la atención del mundo, tiene directa relación con los derechos humanos. El brutal atropello de estos durante el conflicto bélico marcó un antes y un después en la concepción de lo que es humanidad y cómo esta es concebida en situaciones de guerra.

En Chile, de alguna manera, los pétalos de la Rosa Blanca también abrieron en las aulas universitarias. Impulsados por el contexto internacional durante la década del 60 y del 70, un número no menor de estudiantes, funcionarios y académicos- influenciados, además, por el Manifiesto de la Universidad de Córdova, Argentina, a favor de la reforma universitaria de 1918-, luchaban por modernizar y democratizar el rol de las universidades como agentes del cambio social en el país, participando, activamente, en las ejecuciones de las reformas agraria y universitaria. Sin embargo, de forma dramática, estas transformaciones fueron interrumpidas por el golpe de Estado de 1973.

Al igual que en la Alemania nazi, en Chile las universidades fueron intervenidas, designándose a militares como "rectores delegados". Estos, eran altos oficiales de las fuerzas armadas que contaban con la confianza absoluta de la Junta de Gobierno. El propósito de esta intervención era refundar las instituciones universitarias acorde a los nuevos pilares y principios impuestos por los golpistas. Para colaborar con la iniciativa, el ex director del Instituto de Filosofía de la Universidad Católica de Valparaíso, Juan Antonio Widow, elaboró un conjunto de recomendaciones que debían dar paso a la erradicación de la actividad política y, en especial, del pensamiento marxista de los campus universitarios. Entre sus acápites aconsejaba la expulsión de todos los académicos marxistas y de los estudiantes cuya presencia pudiera significar agitación social. Esto, junto con cerrar las unidades académicas supuestamente creadas para divulgar la ideología marxista.

En el documental "Pinochet y sus tres generales" (1976), el director de este, el español José María Berzosa, le preguntó al almirante de la Armada de Chile, José Toribio Merino, integrante de la Junta de Gobierno, sobre la causa de la ocupación militar de las universidades. El almirante respondió:

"A causa de que, para todo el mundo, las universidades son el centro de la incubación política, principalmente en América Latina. En este país (Chile), todos los hombres que tenían las calidades para ser rectores de las universidades pertenecían a algún partido político. Así que mientras tanto están en receso los partidos políticos, hemos nombrado a académicos militares como rectores (...) Cuando esta situación se resuelva volverán a sus puestos, siempre que nos den la seguridad que las universidades no serán las incubadoras de nuevos sistemas o de nuevas ideas (sic)".

Esta situación, que buscó encauzar las tres áreas universitarias (funcionarios, académicos, y estudiantes), dentro del nuevo esquema, rápidamente se ramificó en los ocho planteles distribuidos a lo largo del país. En la Universidad de Chile asumió el general del aire César Ruiz; en la Pontificia Universidad Católica el vicealmirante Jorge Swett; en la Universidad Técnica del Estado (UTE), el coronel Eugenio Reyes; en la U. Católica de Valparaíso, el contraalmirante Luis de la Maza; en la U. de Concepción, el capitán de navío Guillermo González; en la U. Austral, el coronel Gustavo Dupuis; en la U. Técnica Federico Santa María, el capitán de fragata Juan Naylor; y en la U. del Norte, el coronel Hernán Danyau.

El emergente mundo científico chileno que, antes de la asonada militar, buscaba las formas de institucionalizar una unidad a cargo de fomentar y desarrollar la ciencia y la innovación tecnológica *made in* Chile, también fue alcanzado por el látigo de la Junta Militar. Eran pocos, aunque reconocidos en sus respectivos campos. Varios de ellos fueron detenidos, torturados, exonerados, exiliados o hechos desaparecer. Quienes forman parte de la lista de Detenidos Desaparecidos (DD.DD.), son el brasileño y docente del Departamento de Física de la ex UTE, Luiz Carlos de Almeida, y el profesor de matemáticas de la U. de Chile, sede Temuco, Rubén Morales Jara.

Esta investigación, que se desarrolló entre diciembre de 2013 y octubre de 2015, da a conocer las vivencias como presos políticos de dos académicos y científicos que sobrevivieron a las vejaciones cometidas por la policía política de Pinochet. Se trata del bioquímico Romilio Espejo Torres, ex militante del Partido Comunista (PC), y del físico Boris Chornik Aberbuch, ayudista del Movimiento de Izquierda Revolucionaria (MIR). Ambos fueron detenidos, torturados y exiliados por la Junta de Gobierno.

Si bien ha transcurrido más de un cuarto de siglo desde el retorno de la democracia al país, aún falta por seguir descubriendo otros hechos ocurridos en la etapa más oscura de nuestra convivencia política, marcada por la criminalidad y la legitimización de la violencia como un "bien necesario". En ese sentido, este trabajo busca ser un aporte más en la tarea de reencontrarnos con nuestra verdadera historia.

CAPÍTULO I
Los laureles rojos marchitos

Al poco tiempo de asentarse definitivamente en Chile luego de su exilio, el bioquímico Romilio Espejo Torres decidió visitar el Estadio Nacional con la excusa de ver el clásico universitario, un partido de fútbol entre los equipos Universidad de Chile y Universidad Católica. Tenía ansiedad, angustia y nostalgia de recordar sus treinta y nueve días detenido en aquel recinto deportivo tras el golpe de Estado del 11 de septiembre de 1973.

Mientras los hinchas ovacionaban las jugadas de uno y otro jugador, Espejo estaba concentrado en evocar los rincones que frecuentó. Sentado en las nuevas graderías notó cómo el tiempo y el afán insistente de un sector de la población chilena quisieron borrar lo que durante más de dos meses miles de chilenos y extranjeros, políticos, profesionales, obreros, mujeres y niños vivieron en el mayor campo de concentración de prisioneros del país.

Su historia se remonta a fines de 1970, cuando volvió a trabajar como académico en la Facultad de Medicina de la Universidad de Chile luego de adjudicarse una beca de la Fundación Rockefeller para realizar un pos doctorado en el California Institute of Technology (Caltech), en Estados Unidos.

Eran tiempos de definiciones y enfrentamientos. La Guerra Fría tenía al mundo dividido en marxistas y antimarxistas; el conflicto árabe-israelí y la etapa final de la Guerra de Vietnam eran otros de los temas que mantenían el ojo del mundo ocupado. Latinoamérica también daba que hablar. Brasil, Nicaragua y Paraguay estaban inmersos en dictaduras militares y Chile comenzaba su revolución socialista "con sabor a vino tinto y empañada".

Desde el inicio del gobierno de Salvador Allende las presiones internas y externas se manifestaron. Con el paso de los meses los conflictos entre partidarios y contrarios a la Unidad Popular (UP) se fueron agudizando. La intervención punzante de Estado Unidos para frenar esta nueva vía también aportó a que las relaciones entre conciudadanos fuesen cada día más tensas y extremas. Uno de los hechos que marcaron el inicio de lo que sería la presión constante para derrocar al presidente Allende fue el intento de secuestro y asesinato del comandante en jefe del Ejército René Schneider[5], y uno de los motivos por los cuales Espejo se decidió a defender activamente el gobierno de la UP.

"Sentía que debíamos comprometernos para protegerlo colaborando en distintas actividades de voluntariados de la UP. Éramos pocos los científicos que lo hicimos. Varios tenían la posición ideológica y nada más, porque los investigadores suelen ser escépticos con la política"[6].

Criado en la región del Biobío, bajo los pensamientos laicos de un padre médico y de una madre que antes de casarse fue profesora normalista, Espejo pasó por escuelas de San Rosendo, Los Ángeles y Concepción. Tras enviudar su madre, a mediados de 1950 se mudaron a Coronel donde continuó sus estudios secundarios. Fue allí donde reconoció los síntomas de un país fragmentado por la desigualdad y la miseria entre quienes tienen y los que no. "Pero no fue hasta dos años después de mi regreso a Chile cuando decidí entrar como militante del Partido Comunista, porque en comparación a los otros movimientos de izquierda notaba que eran más ordenados"[7].

Confeso de no ser un asiduo lector de literatura comunista, Espejo entró al partido siendo profesor universitario alentado por profesionales de diversas ramas que buscaban sumar más adherentes a la causa popular. Él no era el único ni menos fue parte de una iniciativa eclosionada en unos pocos. Un sector de la población

---

5 En octubre de 1970, el general René Schneider fue asesinado por un grupo ultraderechista con la colaboración de los generales Camilo Valenzuela y Roberto Viaux. Esta operación fue financiada por el gobierno de Estados Unidos con el fin de evitar la asunción de Salvador Allende a la presidencia.

6 Entrevista con la autora, 18 de diciembre de 2013.

7 Entrevista con la autora, 21 de marzo de 2014.

chilena no quería sentirse ajeno a lo que estaba sucediendo, y muchos fueron "conmovidos por los debates de ideas y las carencias de la sociedad, y de estudiantes que habían sido movilizados en su espíritu por el contacto de un mundo donde culminaba la idea y la sensación de que se realizaría pronto un cambio fundamental de la existencia humana"[8], mientras hubo otro grupo que cada vez "se sumergía en la desesperación y oscurecía sus casas ante el terror de que las "hordas marxistas" los atacarían"[9] en cualquier momento.

En aquel entonces, Romilio Espejo, que había comenzado sus estudios en la Universidad de Concepción para luego finalizarlos en la U. de Chile, estaba dedicado exclusivamente al estudio de problemas básicos de la biología. En ellos destacó la publicación de su libro *Bacteriófagos*[10] donde describe el primer virus bacteriano con una membrana lipídica (bacteriófago PM2) descubriendo, además, que tenía una estructura de ADN circular y cerrada. Esta investigación le valió el reconocimiento de sus colegas nacionales y extranjeros. Pero tenía ansias de incursionar en la ciencia aplicada y colaborar de lleno con el gobierno de Allende. A comienzos de 1973 renunció a la universidad y en mayo de ese mismo año ingresó al Instituto Tecnológico de Chile[11] (INTEC) de la Corporación de Fomento de la Producción (CORFO) como investigador para trabajar en un tratamiento pionero en el país llamado "vía biolixiviación para el cobre"[12], y que hoy lo utilizan las grandes plantas que tratan este metal. Fue en el INTEC donde comenzó a tener un rol de militante más activo.

---

[8] FERMANDOIS, Joaquín. *La revolución inconclusa. La izquierda chilena y el gobierno de la Unidad Popular*. Capítulo IX: Abrazando la crisis, ardiendo por la crisis. Editorial Centros de Estudios Públicos. Página 261.

[9] GONZÁLEZ, Mónica. *La conjura. Los mil y un días del Golpe*. Editorial Catalonia (2012). Página 43.

[10] El libro fue publicado en 1973 por el Departamento de Asuntos Científicos de la Secretaría General de la Organización de los Estados Americanos.

[11] Este Instituto fue creado en 1968 para actuar como un agente activo en el proceso de modernización tecnológica en los sectores de la producción y los servicios de Chile. En el 2002 se fusionó con la Fundación Chile.

[12] Procedimiento que consiste en obtener cobre a través de la acción de bacterias.

*

Parecía estar en otro lugar. La pasión futbolera que emanaba del estadio y el aliento emocionado de los hinchas a sus jugadores, le eran ajenos. De pronto, entre la multitud aparece un viejo amigo:

"¡Vaya, Romilio, nunca pensé que te gustara el fútbol!", le dijo en tono de broma esperando una positiva afirmación del académico, que solo asintió con la cabeza sin dejar de rememorar sus días de prisión en el estadio y lo vivido durante el gobierno de Allende.

Chile polarizado en su máxima expresión, eras de izquierda o de derecha, eras marxista o "momio". No había término medio. No cabía.

Los esfuerzos de Estados Unidos, de la Democracia Cristiana (DC) y de la ultraderecha chilena encabezada por el Frente Nacionalista Patria y Libertad[13], orientados a derribar el gobierno democráticamente electo alertaban que en cualquier minuto vendría un golpe de Estado, ¿dónde comenzaría? ¿Cuándo? ¿Cuántas vidas cobraría? Eran pocos los que podían estimarlo.

"El golpe venía y teníamos que defendernos, eso estaba claro. Desde el partido tuvimos preparación paramilitar usando báculos o palos para simular fusiles o ametralladoras. Nuestra preparación era muy básica, pero teníamos la idea de armar una organización para enfrentar a un grupo armado, aunque nunca se concretó"[14].

Fueron años complejos incluso al interior de la UP. Las desavenencias que se gestaron dentro de ella por no llegar a consenso sobre cuál sería el camino para llevar al país hacia la revolución socialista, contribuyeron a desestabilizar aún más el gobierno de Allende. Titulares de medios partidarios como "PC: que se ponga

---

13 Grupo de choque que contribuyó a provocar la caída del gobierno de Salvador Allende. Sus máximos representantes fueron su fundador Pablo Rodríguez Grez, y el ex secretario general del movimiento, Roberto Thieme.

14 Romilio Espejo.

claridad y definición en el Movimiento Popular"[15], y la salida del Movimiento de Izquierda Revolucionario (MIR)[16] del Grupo de Amigos Personales (GAP)[17] fueron muestras y causas que sumaron puntos a la exaltación política y social que vivía el país.

De alguna forma, todos querían ser protagonistas de la revolución "desde abajo" y el calor de la lucha era cada día más intenso y violento. Meses antes del golpe, Espejo pudo dilucidar cómo sería el posible final. "En una de las últimas marchas que hicimos los trabajadores del INTEC, de esas que eran muy atrevidas porque partían desde la calle Pedro de Valdivia (comuna de Providencia) hacia la costa, en medio del trayecto apareció un trío de Patria y Libertad para provocarnos. Un grupo de los nuestros, que nos defendía, agarró a uno y le dieron tal golpiza que este sujeto quedó inconsciente y todo ensangrentado. Atónito lo miré por unos minutos tratando de entender el nivel de violencia a la que estábamos expuestos. Ahí me di cuenta de que si venía un golpe, la reprimenda sería mucho más dura"[18].

*

Eran cerca de las 8 a.m. del 11 de septiembre de 1973. Aquel día las calles de Santiago estaban cubiertas por un alba trémula. Desde la noche del 10 se estaban coordinando en Valparaíso los últimos detalles de un planificado alzamiento militar. Esta vez no se cometerían los mismos errores de lo que fue el frustrado intento de sublevación del 29 de junio con el llamado *Tancazo* o *Tanquetazo*[19], cuando el Regimiento Blindados N° 2 del Ejército intentó levantarse

---

15 Titular portada del diario *El Siglo*, 2 de agosto de 1972.

16 Organización política de extrema izquierda chilena. Fue fundada por Clotario Blest, Miguel Enríquez y Luis Vitale.

17 Guardia personal del presidente Allende. Estuvo constituida, principalmente, por militantes del MIR y del Partido Socialista.

18 Entrevista con la autora, 18 de diciembre de 2013.

19 Se llamó así por utilizar, principalmente, tanques y vehículos de combate pesados. Los jefes del alzamiento fueron los líderes de Patria y Libertad, y el teniente coronel Roberto Souper Onfray, quien en diciembre de 2012 fue encausado por el ministro en visita de la Corte de Apelaciones de Santiago, Miguel Vázquez Plaza, como uno de los cómplices del homicidio calificado por la muerte del cantautor chileno Víctor Jara.

contra el gobierno de la UP.

Para algunos este hecho fue la antesala del golpe de Estado. Para otros todo estuvo planeado incluso desde antes que Allende asumiera la presidencia. En una entrevista realizada por Marcelo Cabello en septiembre del año 2000 a la periodista Mónica González, poco antes del lanzamiento de su libro *La Conjura. Los mil y un días del Golpe*, la profesional afirmó que un informe del Estado Mayor de la Defensa Nacional de aquella época no solo acertaba con el triunfo de Allende, sino que además narraba lo que ocurriría durante su periodo presidencial: "Dicen exactamente a qué problemas se va a ver enfrentado Allende dentro de su propia coalición, lo que va a desencadenar en la derecha, en el empresariado, y finalmente que las Fuerzas Armadas van a estar al medio y serán la piedra de toque siendo sometidas a la máxima presión".

Ese día Espejo llegó sin mayores problemas a la sucursal del INTEC de Lo Curro, comuna de Vitacura. Ni la escasa locomoción ni la extraña ausencia de los pasos presurosos de los santiaguinos le hicieron pensar que el "Día D" había llegado. Solo cuando vio las caras de sus colegas y escuchó la radio a todo volumen pudo entender lo que estaba sucediendo.

Después de cuatro décadas, sentado con su cotona blanca en una oficina que parece mantener lo justo y preciso a la vista, Romilio Espejo no ahorra palabras a la hora de evocar aquellos años, aunque morigera cuidadosamente sus recuerdos. "Apenas terminó el discurso de Allende nos dimos cuenta que todo había acabado. Los trabajadores esperaban un discurso nuestro, de los que éramos militantes, yo solo me atreví a pedirles que escondieran cualquier cosa que los involucrara, y que había que esperar para ver qué es lo que se podía hacer. No podíamos salir con palos y panfletos si los militares estaban con metralletas"[20].

De momentos el silencio era total en el INTEC, a ratos un paroxismo de miedo se asomaba y paralizaba a gran parte de los cerca

---

20 Entrevista con la autora, 18 de diciembre de 2013.

de 100 trabajadores que ensimismados esperaban a que alguien les dijera qué podían hacer. Luego del golpe la desorganización fue total. La coordinación, para tratar de enfrentar el levantamiento, se dio más entre amigos que desde las cúpulas de los partidos que integraban la UP.

Corrían las horas y los cuerpos daban señales de cansancio. Pasó la mañana y avanzó la tarde. Cerca de las 19 horas decidieron abandonar el recinto.

*

La cacería había comenzado. Militantes de los partidos de la UP y simpatizantes de Allende fueron detenidos. Otros buscaron refugio en la embajada más cercana o se sumergieron en la clandestinidad. Chile estaba en *Estado de Guerra*. Las noticias de muerte y tortura se extendieron rápidamente por el país, y "el miedo comenzó a realizar su labor paralizante (...) militantes que se pensaba eran de absoluta lealtad al Partido, frente al miedo tuvieron una conducta inesperada, cerraban sus puertas, miraban para el lado, negaban su ayuda. Por cierto que no siempre fue así, por algo se pudo levantar el trabajo clandestino, pero no era fácil enfrentarse a esta nueva realidad"[21].

La doctrina antisubversiva se impuso. La Junta Militar de Gobierno utilizó fuertes medidas de represión contra todo aquel que se organizara, y comenzó a implementar la política de exterminio en todo el país con la llamada Caravana de La Muerte[22], que pretendió "acelerar los procesos de justicia" en contra de los prisioneros políticos, transgrediendo el Convenio de Ginebra de 1949[23],

---

21 ÁLVAREZ, Rolando. *Desde la clandestinidad. Una historia de la clandestinidad comunista (1973-1980)*. Ediciones LOM, 2003. Página 76.

22 La comitiva, que partió a fines de septiembre de 1973 desde Santiago al sur y luego al norte de Chile, estuvo constituida por el general Sergio Arellano Stark como Oficial Delegado de Pinochet; el teniente coronel Sergio Arredondo; los mayores Pedro Espinoza Bravo y Carlos López Tapia; los capitanes Marcelo Morén Brito, Emilio de la Mahotiere González, Antonio Palomo Contreras, y Luis Felipe Polanco; y los tenientes Juan Chiminelli Fullerton y Armando Fernández Larios.

23 Una de las críticas más comunes que recibe este convenio es que no se ocupa de

el cual Chile había suscrito.

La Junta Militar, además, esperaba contar con la colaboración de civiles llegando a ofrecer hasta 500 mil escudos a quien ayudase encontrar a los cabecillas de la UP o denunciara a un vecino por posibles sospechas de actividades "extremistas".

La incertidumbre y el miedo que se generó luego del golpe fueron transversales para los chilenos y extranjeros. El profesor de la Universidad de Chile, Norbel Galanti Garrone, así lo recordó: "El caos y el nivel de inseguridad era muy grande para todos. En la Facultad de Medicina, por ejemplo, varios académicos fueron detenidos, incluso uno que es de derecha[24]. En un allanamiento cotidiano de los militares, encontraron en su casa armas. Su madre dijo que eran de él, porque en su tiempo libre salía a cazar. Se lo llevaron al estadio y fue tratado de la misma manera como a los otros. Yo durante varios meses tuve gente cuidando mi casa y una muda de ropa si es que en cualquier momento me venían a buscar. En esas semanas nadie estaba seguro"[25].

A trece días del golpe, la cúpula de la política chilena había sido desmantelada, las universidades, instituciones públicas y empresas "depuradas", y los trabajadores conminados por la Junta Militar a volver a sus respectivos puestos laborales. Mientras tanto, en distintos lugares de Santiago, dueñas de casa, estudiantes de las Monjas Ursulinas y de la Pontifica Universidad Católica de Chile, se reunían para realizar "gigantescas operaciones de limpieza" bajo la dirección del jefe de la Zona en Estado de Sitio, general Herman Brady Roche[26]. Esta actividad consistía en limpiar los frontis de los

---

determinar cuándo es lícito el recurso de la guerra o de la rebelión armada.

24 Galanti se reserva dar el nombre.

25 Entrevista con la autora, 11 de junio de 2014.

26 Brady también fue comandante de la Guarnición de Santiago, jefe de la Zona en Estado de Sitio, y juez militar. En el 2001 el juez Baltasar Garzón ordenó su detención y captura internacional por el asesinato del diplomático español Carmelo Soria ocurrido en julio de 1976 a manos de la DINA. El general en retiro, que sobresalía del resto por ser el único que tuteaba a Pinochet, fue procesado en el año 2008 por la desaparición

edificios y muros manchados de consignas y propaganda política.

Había duda y miedo. Muchos tenían la intuición de que todo estaba calculadamente urdido y que iban directo a una trampa. La fila interminable en la entrada principal del INTEC y el allanamiento en cada puesto de trabajo destruyendo documentos y planos con yataganes confirmaban sus sospechas. Apenas ingresó, y aconsejado por un amigo, Romilio Espejo decidió romper su carné de militancia del PC, "porque si me lo encontraban estaría perdido".

Aquel día se impuso una orden irrefutable: "¡Nadie sale!". El otrora funcionario de la institución de la Corfo, amigo y ex compañero de Espejo en los trabajos voluntarios del Comité de Unidad Popular (CUP) del INTEC, Fernando Shultz Morales[27], junto con otro colega del área de Diseño, buscaron formas de evadir tal imposición, pero no lo lograron. No les quedó más que esperar y reconfortar al resto con esperanzas imposibles. Eran los primeros días de la dictadura. Nadie estaba preparado para lo que vendría.

Pasadas las 17 horas, el rígido silencio fue roto por una intensa balacera en las afueras del INTEC. Carabineros y personal de Ejército rodearon el lugar y con disparos al aire obligaron a que todos salieran hacia el estacionamiento, ubicado en la entrada principal del edificio. La desesperación fue total, rostros patibularios corrían de un lado a otro hasta que un mandato con voz grave y virulenta controló forzosamente los cuerpos, pero no así los ánimos.

-"¡Rápido, rápido! ¡Salgan todos, porque hoy no se escapa ninguno!", enfatizó irónico uno de los militares que acompañó el allanamiento de Carabineros.

-"¡A formar! ¡Manos en la nuca!", ordenó otro de los militares

---

de 12 asesores y funcionarios del gobierno del presidente Allende detenidos el día del golpe en La Moneda. Brady falleció en mayo de 2011.

27 Diseñador Gráfico de la Universidad de Chile. De 1971 a 1973 Shultz fue parte del equipo de diseño del Proyecto Cybersyn del INTEC, que pretendió gerenciar cibernéticamente el sector industrial de la economía estatal. Actualmente es profesor universitario y reside en México.

presentes mientras posicionaba al personal.

Nadie se atrevió a hablar ni emitir ruido alguno. La mirada penetrante y el paso rotundo del castrense al mando, al pasearse delante de ellos, congelaron cualquier intento de escape, mientras personal de Carabineros y del Ejército los apuntaba con sus fusiles.

Uno por uno, fueron obligados a decir sus nombres en voz alta mientras un conscripto, que no superaba los 20 años, chequeaba en una lista a las personas que buscaban. Entre ellos estaban los nombres de Romilio Espejo, Fernando Shultz, el encargado de Adquisiciones de Materias Primas y Equipamiento Jorge Dockendorff, y del diseñador industrial Guillermo Capdevila[28]. En total tres mujeres y ocho hombres. Los "once peligrosos" fueron obligados a ponerse frente a un muro sin mirar hacia atrás y sin bajar las manos de la cabeza.

-"¡El resto se va!", sentenció a viva voz el uniformado con desproporcionadas ganas de vaciar rápidamente el lugar.

La mirada del militar estaba concentrada particularmente en dos de los once detenidos, en Espejo y Shultz. Los llamó al frente.

-"¿Saben por qué los llamo a ustedes?", dijo irónico. "Ustedes están acusados de participar en la "guerra bacteriológica" del Plan Z[29]. Espejo es el creador de las bacterias y Shultz quien pone la

---

28 Junto con Shultz también fue parte del equipo de diseño de Cybersyn del INTEC. Tras su liberación Capdevila viajó a Europa y se instaló, a mediados de 1976, en España, donde tuvo una fructífera carrera profesional: creó la cafetera triangular, los teléfonos Panorama y el bipieza en madera. Por la invención de estos productos más su contribución al desarrollo del diseño industrial y de electrodomésticos, en el país vasco es hoy considerado uno de los fundadores del diseño industrial pos dictadura de Francisco Franco. Falleció en un accidente de tránsito en enero de 1999.

29 Para acallar las fuertes presiones internacionales debido a la efusión de sangre y tortura que trajo consigo el golpe de Estado en Chile, el 21 de septiembre de 1973 el secretario de prensa de la Junta Militar, Federico Willoughby, y el coronel de Ejército Pedro Ewing presentaron a los medios nacionales y extranjeros el llamado "Plan Z". En palabras de la Junta y de acuerdo al "Libro Blanco del Cambio de Mando en Chile", escrito por el historiador Gonzalo Vial bajo la supervisión del almirante Patricio

ideología para matarnos", sentenció el militar.

Miradas de desconcierto se dieron entre Espejo y Shultz por unos segundos. Nadie musitó. Ni risa ni espanto generó tal revelación, pero "nos preocupó la falacia inventada y la acusación tan mentirosa para justificar nuestra detención"[30], recordó Shultz.

Por orden del uniformado a cargo, los once fueron llevados a sus respectivos puestos de trabajo en busca de pruebas que los involucraran. Los uniformados no tuvieron éxito. El armamento que buscaban no estaba, tampoco la colección de bacterias.

La esquiva suerte ese día los acompañó. Espejo recapituló que durante aquellas semanas no tenían bacterias patógenas cerca, porque estaba trabajando con minerales. "Otra historia habría sido si hubiera tenido bacterias patógenas como las he tenido en muchas otras ocasiones por trabajos distintos. Incluso recuerdo cuando un ex-auxiliar del laboratorio de la Facultad de Medicina de la Chile pensaba que yo estaba muerto, porque escuchó por la radio que habían fusilado a un microbiólogo al encontrarle las famosas bacterias y eso, por cierto, era para darle justificación al Plan Z"[31].

Con empujones y gritos, los *once* fueron obligados a subir a los vehículos de carabineros y llevados a la comisaria de Lo Curro. En el cuartel, mientras esperaban el inicio del toque de queda, los hombres eran separados de las mujeres y enviados a celdas provisorias. Apenas entraron la pregunta susurrante sobre cuál podría ser el motivo de su detención no tardó en encontrar una respuesta convergente: todos participaban activamente en los CUP. Shultz en los

---

Carvajal, este Plan pretendía desatar la guerra civil en el país a través de un autogolpe creado y organizado por el MIR, dirigentes del PS, Salvador Allende y contingente cubano para "conquistar el poder total e imponer la dictadura del proletariado", además de pretender el asesinato masivo de militares, dirigentes políticos y periodistas de oposición.

30 Entrevista con la autora, 20 de abril de 2014.

31 Entrevista con la aurora, 28 de marzo de 2014.

del Partido Socialista de Chile donde militaba, y Espejo en los del Partido Comunista.

Pero el motivo que barajaba el resto de los compañeros de trabajo detenidos, como Dockendorff, quien no tenía militancia política, era otro. Mientras eran detenidos en el INTEC escuchó una breve conversación entre dos militares. "Si bien varios de nosotros éramos solo trabajadores y no profesionales, ellos decían que bastaba con que nosotros trabajásemos con físicos y químicos nacionales y extranjeros para saber más de algo sobre la guerra bacteriológica, y ante una acusación tan descabellada como esa no existe argumento alguno de defensa. El porqué de esa acusación nunca me lo pude explicar, porque no tuve ni tengo el conocimiento para hacer eso"[32].

Cerca de las nueve de la noche fueron sacados de los calabozos y forzados a acostarse en el piso del bus de Carabineros. ¿Próximo destino? La Escuela Militar. "Allá el interrogatorio fue uno por uno en las mismas oficinas de la Escuela. A base de combos, patadas y culatazos en las costillas y espalda nos interrogaron siempre con uno o dos militares apuntándonos. A otros les pegaban en el piso entre ocho o diez oficiales, y varios fueron llevados al patio de la Escuela para hacerles simulacro de fusilamiento, como sucedió con Shultz. A mí me decían que me iban a fusilar en cualquier momento si no decía dónde estaban las armas y confesaba que era de izquierda"[33].

Sin agua ni comida pasaron las horas y los interrogatorios. Al alba del 26 de septiembre de 1973 las mujeres del INTEC fueron liberadas, mientras los hombres eran subidos a un bus militar con destino directo al Estadio Nacional.

*

El pitazo final indicaba el terminó del clásico universitario. Unos puteaban, otros reían y algunos se retiraban sin dar señales de des-

---

[32] Entrevista con la autora, 15 de junio de 2014.
[33] Romilio Espejo.

ánimo o alegría. Romilio Espejo se mantenía ajeno a las provocaciones de los hinchas.

Una mirada panorámica al estadio le hizo recordar que en septiembre de 1973 su primer hijo tenía tres semanas de nacido cuando fue detenido. Ni su pareja de entonces, que vivía a pasos de la Escuela Militar, ni el resto de su familia sabían dónde estaba. Eso lo amilanaba aún más. Tampoco sabía qué era lo que le esperaba.

Las estrategias que empleó la Junta Militar para eliminar cualquier movimiento contrainsurgente resultaron exitosas. Los partidarios, simpatizantes y todo aquel considerado sospechoso fueron recluidos y llevados a distintos centros de detención. En el informe de la Comisión Nacional sobre Prisión Política y Tortura (Informe Valech) se detalla:

"Desde el 11 de septiembre de 1973 que prácticamente en todos los recintos pertenecientes a las Fuerzas Armadas hubo detenidos políticos. Se utilizaron regimientos, escuelas de formación militar y de especialidades, hospitales institucionales y recintos bajo la custodia de alguna rama de las Fuerzas Armadas".

Entre ellos, el que destacó por albergar a la mayor cantidad de detenidos fue el Estadio Nacional. Hasta hoy no hay claridad sobre la cantidad exacta del total de personas que pasaron por allí tras el golpe. Según la Cruz Roja Internacional, al 22 de septiembre de 1973 el recinto recibió a más de 6.900 personas. En una visita que en octubre de ese año realizó la Organización de Estados Americanos (OEA), informó que el total de detenidos superaba los 2.600. Sin embargo, el libro que contiene la Nómina de detenidos del Estadio Nacional del Ejército señala que, al 12 de noviembre de 1973, habrían pasado por el estadio 8.810 detenidos.

Lo claro es que el Estadio Nacional se abrió el mismo 11 de septiembre bajo la jurisdicción de la II División del Ejército de Santiago comandada por el coronel Jorge Espinoza Ulloa[34]. Operaciones,

---

34 Al año siguiente, Espinoza pasó a ocupar el cargo de director de la Secretaría Nacional

quedó a cargo del teniente coronel Julio Fuenzalida Arancibia[35]. En Logística, asumió el teniente coronel Sergio Guarategua Peña[36]. En la Sección Extranjería, los mayores Carlos Meirelles Müller y Mario Lavanderos Lataste[37], y el capitán Sergio Fernández Carranza[38]. En Administración, el mayor Rudy Alvarado Muñoz[39]. Todos ellos pertenecientes al Ejército.

Por la entrada Maratón, debajo de la tribuna Andes del estadio, con las manos en la nuca bajaron uno a uno los "prisioneros de guerra" provenientes de la Escuela Militar y de distintos sectores de Santiago. Ya venían en deplorables condiciones físicas y psicológicas. Los recién llegados rápidamente se percataron que estaban en medio de una tortura masiva: movimientos bruscos, gritos, golpes, llantos. Los vehículos descargaban personas a cada minuto. Según Espejo, "llegaban cientos por minuto. Y lo peor era el trato con la gente que se vía de menos recursos. Con ellos se ensañaban y eran más bestiales, más brutales. Pero si te veían bien vestido, el trato mejoraba un poco, aunque a la hora de los interrogatorios todos eran tratados de la misma manera"[40].

---

de Detenidos (SENDET) que durante el segundo semestre de 1975 se transformó en la Dirección de Inteligencia Nacional (DINA), unidad continuadora de la Comisión DINA creada en noviembre de 1973 y que dependía del SENDET. En el 2002 fue interrogado por el juez Juan Guzmán Tapia por la muerte del ciudadano estadounidense Charles Horman. Murió en diciembre de ese año en Concepción, Chile.

35 Fuenzalida pasó a ser el secretario subrogante de la SENDET. Murió en marzo de 2002.

36 En la SENDET, Guarategua ocupó el cargo de secretario ejecutivo.

37 En el 2013 el juez Mario Carroza sometió a proceso al teniente coronel David Reyes Farías por el asesinato del mayor Mario Lavanderos tras liberar a 55 uruguayos y 13 bolivianos detenidos en el Estadio Nacional en octubre de 1973.

38 Fue uno de los ex integrantes de las Fuerzas Armadas que se querelló contra Pinochet en el año 2002.

39 Nunca tuvo la plena confianza de la Junta Militar por ser su padre amigo personal de Allende. Fue dado de baja en 1974. Al igual que Fernández Carranza, también fue uno de los militares que se querelló contra Pinochet.

40 Entrevista con la autora, 28 de marzo de 2014.

Otros ex prisioneros tienen en su memoria hechos más escalofriantes. El ex trabajador de la empresa Vidrios Planos Lirquén, José Manuel Méndez, quien entonces tenía veinticinco años y venía del Estadio Chile al coliseo de Ñuñoa, recordó: "Lo primero que vi al bajar del camión fue una pila de un metro y medio o dos de alto. Eran puros cuerpos. Algunos estaban con ropas y otros desnudos. Y vi cómo un cura desesperado nos daba la extremaunción a los que íbamos entrando"[41].

Ingresar al estadio significó para muchos "un mayor deterioro de sus condiciones físicas. Apenas eran bajados de los vehículos todos debieron pasar por el *comité de bienvenida*: un "corredor oscuro" compuesto por dos filas paralelas de unos 15 a 20 militares policiales que formaban un pasadizo por donde debían correr mientras les llovían culatazos, patadas, golpes e insultos. Recién entonces después del primer "ablandamiento", la mayoría – pero no todos- eran inscritos en hojas sueltas o libros de registro en el "mesón de recepción" ubicados en los pasillos del sector de la Tribuna Presidencial, y amontonados al interior de los helados muros del estadio, ya sea en camarines, en las húmedas y frías escotillas, o en el piso de tierra debajo de las graderías"[42].

En medio del brutal recibimiento los carceleros intentaron cierta clasificación con los detenidos, que eran atendidos según su grado de peligrosidad. El trámite era lento y engorroso. Los detenidos, desesperados, querían aclarar su situación y sus "custodiadores" deshacerse rápido de los *upelientos.* Eran tantos que "hubo casos en que la jefatura del campo rechazó la carga aduciendo que ya había demasiada gente en el recinto y que los prisioneros debían ser ejecutados por la unidad responsable de la captura"[43]. En su testimonio, Jorge Montealegre recuerda sus primeras horas en el estadio:

---

41 Entrevista con la autora, 25 de mayo de 2014.

42 BONNEFOY MIRALLES, Pascale. *Terrorismo de estado: Prisioneros de guerra en un campo de deportes.* Capítulo I: "Estadio Nacional. El otro partido". Ediciones ChileAmerica-CESOC (2005). Página 13.

43 MONTEALEGRE, Jorge. *Frazadas del Estadio Nacional.* Capítulo: "La recepción". Ediciones LOM (2014). Página 44.

"En la confusión del estadio daba lo mismo si el detenido venía de una comisaría, de algún allanamiento, de la calle, del Estadio Chile o de la Escuela Militar. Las razones y sin razones se mezclaban y en el mismo piño estábamos por militancia, ebriedad o toque de queda. En el entorno alcancé a ver personas castigadas en los rincones mirando a la pared. Un señor con las manos amarradas. Otro, tirado en el suelo, como durmiendo, cubierto con una frazada. Personas grandes que lloraban rogando una explicación. También había algunas mujeres que no imaginaban a dónde podían llevarlas"[44].

Para ellas también hubo espacio. Las mujeres fueron llevadas al sector de la piscina y los hombres destinados a los camarines, bodegas, pasillos y escotillas agrupados de acuerdo a su rol político y social. Por ejemplo, en el sector norte del estadio, principalmente, estaban los estudiantes de la Universidad Técnica del Estado (UTE), los de la U. de Chile, y algunos de la U. Católica. El lado oriente lo ocupaban los trabajadores de las empresas textiles, y en el sur estaban los que venían del cordón Maipú o Cerrillos y que, por lo general, eran metalúrgicos. En la tribuna estaban los profesionales, directores de medios de comunicación aliados de la UP, políticos, y empresarios allendistas.

Apenas terminaban de pasar por el "mesón de recepción", una parte de los detenidos eran llevados al velódromo del estadio. Otros eran conducidos hacia los camarines para esperar su turno durante los interrogatorios, sin frazadas, sin colchones ni comida que les permitiera soportar lo frío y húmedo del recinto.

Entre 70 a 200 personas ocupaban un espacio que no superaban los seis por cinco metros que tiene, aproximadamente, un camarín del estadio. Ni acostados ni de pie cabían. Eran tantos que algunos detenidos peleaban por dormir en la taza del baño, ya que "había algo de privacidad". Algunos se acostaban uno al lado del otro en el piso usando los pies como almohadas, otros ocupaban los asientos y Romilio Espejo era de aquellos que dormían arriba de los bancos

---

44 Opt. Cit página 45.

de los camarines. Ahí donde se cuelgan las prendas.

Los prisioneros tuvieron que habituarse rápidamente al hambre, al frío y a las torturas. Pasadas las nueve de la mañana, los detenidos eran obligados a salir de los camarines y llevados a "tomar el sol". Sin el café con leche y pan, ni haber dormido sobre colchones moltoprén con las dos frazadas por persona, que según el coronel Espinoza decía contar cada detenido del estadio a los medios de comunicación nacionales y extranjeros, los "subversivos" esperaban el paso de las horas en las graderías. Apuntados por el famoso encapuchado[45] del estadio o llamados por altavoz eran citados al disco negro[46] para ser interrogados. Tipo 5 ó 6 p.m. volvían. No todos lo hicieron. En más de alguna ocasión la "jornada laboral de tortura" se extendía toda la noche y los detenidos eran retirados desde sus camarines a cualquier hora de la madrugada.

Algunos prisioneros fueron exhibidos en medio de la cancha como botines de guerra. Luis Alberto Corvalán Castillo[47], primogénito del secretario general del Partido Comunista de Chile Luis Corvalán Lepe, y compañero de militancia de Espejo fue uno de ellos. Era un apreciado "pez gordo" que consideraban digno de mostrar con su cara y cuerpo desfigurados por los golpes de puño y de electricidad que le daban. ¿La idea? Sembrar el terror para que nadie se alzara y darle un mensaje claro a quien pretendiera oponerse al "Chile de Pinochet".

---

45 Su nombre era Juan René Muñoz Alarcón. Fue un ex dirigente del Partido Socialista y colaborador de la DINA. En octubre de 1977 fue encontrado muerto con evidentes huellas de tortura.

46 Lugar de la cancha del estadio donde los prisioneros debían ubicarse cuando eran citados por los uniformados.

47 A los 27 años, en 1975, Luis Alberto Corvalán murió en Bulgaria a causa de las secuelas de las torturas sufridas en el Estadio Nacional y en Chacabuco, lugares donde estuvo detenido hasta julio de 1974. Las torturas que recibió los denunció en su libro *Escribo sobre el dolor y la esperanza* que luego se llamó *Viví para contarlo*. En octubre de 2009 la familia de Corvalán presentó una querella para determinar quiénes fueron los responsables de su muerte.

En una ocasión, el mayor de Intendencia del estadio Sergio Acuña Jahn[48], uno de los pocos militares que se conmovía con la situación de los detenidos, se descompuso al ver las carnes abiertas y las fuertes convulsiones que sufría el cuerpo de Corvalán por las torturas, y le pidió a un grupo de conscriptos llevarlo a su camarín usando una frazada como camilla. Para los detenidos ese era un pequeño gesto de humanidad.

A Corvalán cada vez le costaba más recuperarse. Él y otros detenidos que lograban volver de los interrogatorios, eran atendidos por los mismos prisioneros que sabían algo de medicina, porque el personal de la Cruz Roja evitaba involucrarse más de la cuenta.

Al tercer día de su llegada al Estadio Nacional fue su turno. "¡Espejo!", llamó el centinela que leía la lista de los que debían bajar de las graderías. Todos iban al velódromo. Temía lo peor. Sabía qué era lo que pasaba allí. Pero tenía esperanzas, porque creía que nada ilegal había hecho.

El camino le pareció eterno. Miraba a su alrededor y el miedo proyectado de sus compañeros le aguaban, de momento, la confianza que con recelo cuidaba. Mientras esperaba sentado en una de las bancas a que personal de la Fuerza Aérea lo llamase, ve entre los militares a un viejo amigo de Curepto, lugar donde Espejo veraneaba en su adolescencia.

La sorpresa fue mayor cuando en el grupo de prisioneros identificó a otro conocido de la región del Maule que ya estaba en conversaciones con los "milicos aliados" para sacarlos de allí. El amigo militar los saludó esquivamente para no levantar sospechas y de inmediato habló con el grupo de interrogadores. "¡A estos trátenlos suave!", les dijo, retirándose rápido del lugar, no sin antes decirles, susurrando, "nieguen todo, eso es lo mejor".

---

48 Por su trato humanitario, el mayor Acuña era uno de los escasos militares respetados por los detenidos del estadio junto con el mayor Mario Lavanderos y el suboficial Ambrosio Allende Márquez. Acuña Jahn era primo de Mario Jahn Barrera, quien fuera ex agente de la DINA involucrado en la Operación Cóndor.

Esa misma tarde, la esposa de Espejo recibió una llamada desde un teléfono público. Era la mujer del amigo militar que le contaba dónde estaba su marido. Luego de aquel aviso hubo gente de su familia que también buscó ayudarle. "Un primo que estaba en el Hospital Naval mandó a otro a preguntar por mí, y esa era una influencia de que a uno lo trataban un poco mejor. También recuerdo cuando una de las mujeres de la Cruz Roja, que era una de las más de derecha de la Facultad de Medicina de la U. de Chile, en una ocasión me llevó un recado y una galleta que me mandó mi mujer. Fue lo único que hizo, porque hacer más era mucho figurar delante de los militares y le podían hacer algo"[49]. Pero no todos corrieron la misma suerte.

Hubo detenidos que luego de ser liberados pudieron contarles a sus familias dónde estuvieron y qué fue lo que les pasó. Así lo recordó Armando Pérez, un ex trabajador textil: "Mis padres me buscaron en muchos lugares hasta que llegaron al estadio y como no me encontraron en la lista que tenían publicada los militares, se acercaron a preguntar por mí. Jamás dieron mi nombre y eso que yo estuve 125 días allí. La tortura no era solo para el detenido, sino que también para su familia, porque de los casi dos meses que estuvo abierto el estadio yo salí el día que lo cerraron (9 de noviembre), y hasta ese día fui un desaparecido para todos"[50].

A los diez días Espejo tuvo su segundo interrogatorio. Esta vez más recomendado. En medio de las graderías, otro amigo de infancia de Curepto lo ubicó entre los detenidos. Era un civil que colaboraba con Carabineros, y que le había conseguido un interrogatorio menos tormentoso. "Siguiendo con las recomendaciones que me habían dado antes, yo les decía que a veces me trataban de comunista porque leía *El Siglo*, por ejemplo. En este interrogatorio lo más fuerte fue que mientras me preguntaban me iban cortando el pelo a tijeretazos. Creo que por esas influencias nunca fui torturado como a los otros. Lo que más sufrí fueron cortes de pelo, golpes y gritos, pero

---

49 Romilio Espejo.
50 Entrevista con la autora, 25 de mayo de 2014.

eso no era nada en comparación al resto"[51].

-¿Se ha vuelto a encontrar con los uniformados y civiles que lo ayudaron en el estadio?

-No, porque no me sentí en deuda con ellos ni con nadie por todo lo que veía. Pasaron cosas demasiado terribles como para continuar evocándolas (se emociona).

Varios fueron los militares que encontraron entre los detenidos a más de algún familiar o conocido en el estadio. En el grupo de pobladores de La Legua, que venían de la base aérea El Bosque, atormentados y con graves fracturas, el conscripto Rafael Silva reconoció a su hermano menor Gustavo, que fue detenido en el centro juvenil del barrio. "Estaba muy mal. Lo vi choqueado, golpeado y delgado. Varias veces, cuando me tocaba llevarlo al hospital de campaña que tenía la Cruz Roja, tuve que apuntarle en la espalda mientras él tenía sus manos en la nuca. Yo me ponía a llorar y él me decía ¡Nos van a pillar, apúntame! Fue terrible"[52].

Mientras el estadio seguía llenándose, algunos detenidos salían en libertad. El 13 de octubre de 1973 fue el turno de 327 detenidos, entre ellos el hermano de Silva, que abandonaron el recinto con un breve discurso del coronel Espinoza: "Nosotros estábamos muy enojados con los que nos empujaron a esto. Eso explica que hayamos podido cometer algunos errores, y por culpa de esos errores ustedes pueden estar enojados con nosotros"[53], haciendo hincapié a los medios nacionales y extranjeros sobre las "excelentes" condiciones físicas y mentales de los ahora hombres libres.

El mismo hecho, *La Tercera de la Hora* lo relató como sigue: "Muchos de los detenidos dijeron que ahora se dedicarán solo a trabajar por el país sin mezclarse en actividades políticas de ningún tipo. Expresaron también que recibieron buen trato y que todo lo que se

---

51 Entrevista con la aurora, 28 de marzo de 2014.
52 Entrevista con la autora, 10 de marzo de 2014.
53 Diario *El Mercurio de Santiago*. 13 de octubre de 1973. Sección Nacional. Página 8.

dijera en sentido contrario no eran más que simples rumores"[54], destacando la "calidad humana" y profesional de las Fuerzas Armadas del estadio para con los detenidos, quienes "hicieron todo lo posible para que su permanencia allí resultara lo menos ingrata".

*

Como un *blitzkrieg* que no discriminó edad, sexo, profesión, religión o nacionalidad cayeron los militares sobre el país. Cuarenta y un años después aún evoca pesadumbre entre quienes fueron perseguidos y apuntados como la "lacra de Chile".

-¿Ha ido en otras ocasiones al estadio? ¿O fue solo en esa oportunidad cuando vio el clásico universitario?
-"He ido varias veces, porque creo que uno se siente más sano cuando es capaz de recordar sin espantarse. Eso es parte de la sanación (se emociona y tarda unos minutos en volver al diálogo)".

Luego continuó:

-"Fue una cuestión muy de derrota. El mundo se vino a la cabeza y todo lo que pensabas se desvaneció. Ver las injusticias, los abusos. Nosotros pasamos a ser conocidos como lo peor del país. Por eso cuando salí me costó mucho encontrar trabajo, porque hasta hoy se piensa que la gente de izquierda es violenta, o que Allende fue un sinvergüenza, un borracho, un mal presidente. Esa era la imagen que había hasta hace 5 ó 6 años. Pero creo que durante el 2013 se reconocieron las violaciones a los derechos humanos durante la dictadura como parte de nuestra historia. Si bien en las universidades ya se habían realizado actividades de ese tipo, esos reconocimientos no eran masivos como hoy lo son".

El miedo y la sensación de vulnerabilidad fueron un martirio entre quienes esperaban su turno en la escotilla 8. Incomunicados con el mundo externo, algunos grababan sus nombres, fecha de detención y frases de canciones como "Don't let me down" de The

---

54 Diario *La Tercera de la Hora*, Santiago de Chile. 13 de octubre de 1973. Sección Nacional. Página 2.

Beatles en las paredes con el fin de decirle a los futuros visitantes que aquel lugar fue un centro de prisioneros políticos.

En los camarines los prisioneros eran constantemente cambiados para evitar que se organizaran. Iniciativa que no resultó, porque fue en esos lugares donde los detenidos encontraron el momento para alentarse, distraerse y transmitir experiencias y conocimientos. Según Shultz, "esto quizás pudo ser el germen de la creación de la Universidad Popular Salvador Allende", que funcionó posteriormente en Chacabuco.

La idea era luchar por mantener la lucidez y controlar la angustia, "pero por sobre todo ayudar a los enfermos y torturados. Además, los que formábamos parte de la Escuadra de Servicio nos planificábamos para distribuir mejor la comida que, aún así, la mayoría del tiempo no alcanzaba para todos"[55], rememoró el cantautor chileno Ángel Parra, quien también recordó las partidas de cartas, ajedrez y dominó que jugó con Espejo y otros detenidos.

Ese tipo de instancias se replicó en todos los camarines del recinto deportivo. En el n° 3, por ejemplo, que se caracterizó por tener entre sus integrantes a dos niños de 10 y 13 años, tenían expresas recomendaciones: No ducharse, y si lo hacían debían ser duchas cortas. Tal consejo los daba un holandés radicado en Chile desde mediados de la década de los '60 y que había sido soldado durante la Segunda Guerra Mundial. Tras el golpe fue detenido y llevado al coliseo de Ñuñoa. Esto, porque decía que la ducha consume a las personas, las debilita y logra su entrega más rápida a las torturas y a la muerte.

La resistencia al golpe también se vivía en las graderías. Sentados desde las nueve de la mañana sin nada que hacer y con la música constante de Los Huasos Quincheros que pretendían, al parecer, erradicar de las mentes canciones de Patricio Manns y de Víctor Jara, tampoco se atrevían a tener conversaciones profundas. Sabían que había infiltrados.

---

55 Entrevista con la autora, 8 de mayo de 2014.

Para arrancar del escenario cotidiano del estadio unos imaginaban impresionantes partidos de futbol, "¡Chile campeón!", decían agitados procurando no llamar demasiado la atención. Otros sollozaban recordando a sus familiares, como en el caso de Espejo, quien, además, no podía dejar de pensar en cómo mermar el hambre. Pasó días sin haber probado bocado. Su mente alucinaba con cenas opulentas que lo llevaban al vómito de la gula.

En una ocasión, como si hubiese encontrado oro en las hojas de los árboles, Espejo vio entre los asientos una bolsa que brillaba con los reflejos del sol y que prometía tener algo más que aire e insectos rondándole. Al abrirla el olor putrefacto daba señales de su fecha de vencimiento. La bolsa contenía una sopa espumosa con algo de verduras y pequeños trozos de carne. Era una cazuela fermentada desde hace días. Obvió el olor y la comió como si fuese la mejor en años.

Pero el día no mejoró de sabor. El sol seguía pegando en las cabezas, y bajo la mirada y actitud prepotente de los boinas negras, apareció un improvisado y pequeño escenario. No sabían quién había llegado. Pero los detenidos pudieron identificarlo por su vestimenta. Era un cura con acento extranjero que los incitaba a la "redención marxista".

-"¡Por sus culpas están presos! ¡Todos ustedes son unos pecadores que cayeron en la política anti Dios! ¡Esta es la hora para arrepentirse!", les decía sin dar pausa entre una y otra frase.

Era el sacerdote polaco Juan Skowrowek, un capellán de cárceles que la Junta Militar autorizaba a entrar con frecuencia al estadio para imponer un nuevo evangelio, el de la *limpieza revolucionaria*. El padre Juan, que atraía más el rechazo de los detenidos que el respeto de ellos, solía lanzar comida y cigarrillos a las graderías aparentando que eran de parte suya y de la iglesia, siendo que habían sido, en verdad, enviados por los familiares de los prisioneros.

*

Fines de octubre de 1973. Los gestos de humanidad eran escasos. Solo los detenidos, y en secreto, gran parte de los conscriptos y uno que otro "oficial amigo" se dolían por la dignidad quebrantada. En el aire flotaban rumores que pronto cerrarían el Nacional. Un uniformado confirmó la sospecha.

-"¡El estadio se cerrará el 9 de noviembre próximo!", dijo el oficial de turno, que además informó al grupo de detenidos más cercano, que días antes de clausurar el lugar, las autoridades militares permitirían el ingreso de sus familiares.

Espejo y su compañero Corvalán se acercaron para preguntar más detalles.

-"¡Ustedes están para Chacabuco, muchachos!", les dijo el militar con tono de pesadumbre.

Por segundos, el mundo de Espejo se congeló. No esperaba que su condición de "prisionero de guerra" se extendiera por más tiempo. Aunque tampoco tenía la certeza de cuándo saldría del estadio. "¡Bueno, tendré más tiempo para estudiar!", se dijo. Sus compañeros del INTEC que llegaron con él también estaban en la lista, a excepción de Dockendorff que había sido liberado el 12 de octubre.

La confirmación del rumor los alentó a organizarse aún más para ver cómo seguirían resistiendo la prisión. Poco sabían de Chacabuco. Unos intuían que estaba al norte, y otros con certeza afirmaban que, en aquellos parajes, había una abandonada oficina salitrera al interior de Antofagasta.

Ateo por convicción, Espejo esperaba que el mundo científico se uniera para ayudarlo a él y a otros investigadores que estaban en los distintos centros de detención. Y así fue. Hermann Niemeyer[56],

---

[56] Médico cirujano. Impulsor de la Bioquímica en Chile. Participó en la creación de la Facultad de Ciencias de la Universidad de Chile. Falleció en junio de 1991.

galardonado con el Premio Nacional de Ciencias 1983, y el biólogo molecular estadunidense Robert Sinsheimer[57] enviaron cartas y tuvieron reuniones con los funcionarios del nuevo gobierno para solicitar la liberación de sus colegas chilenos y extranjeros.

Los días pasaban y la rutina de los detenidos seguía siendo la misma que la de sus primeras jornadas en el estadio: salir a tomar el sol, llamados al disco negro, hambre, torturas, volver a los camarines, conversar con los compañeros, callarse y oscuridad.

Una tarde, ocurrió algo inesperado. Sentados en las graderías ven aparecer en medio de la cancha a un hombre de tenida formal junto a un oficial. Era el secretario del senador estadounidense Edward Kennedy quien dijo a través de un megáfono: "A nombre de la Academia de Ciencias de Estados Unidos busco al doctor *Romiliou Espejus*". Al instante el bioquímico se percató de que esta vez saldría libre. Levantó su mano, abrazó a sus compañeros más cercanos, y bajó a la pista para hablar con el secretario de Kennedy. Se dio la media vuelta y les hizo una seña de adiós.

Con una mirada críptica y hambrienta de justicia, dejó el lugar que desde el 26 de septiembre al 3 de noviembre de 1973 le impuso terribles pesadillas. Sin nada salió del estadio. Su frazada y los chocolates que le quedaban se los dejó a sus compañeros de camarín. Al salir, un grupo de mujeres, familiares de los detenidos lo abordaron.

-"Compañero, ¿tiene plata pa' la micro?", le dijo una de ellas mientras le estiraba la mano para poner en la suya un par de escudos, mientras otras se le acercaban mostrándole fotos de los que buscaban.
-"¡Muchas gracias, pero tengo!", le respondió Espejo que no tenía dinero en sus bolsillos, y quien hoy a sus 75 años reconoce que "el orgullo pudo más".
-"¡A él lo vi, está bien, no se preocupe!", le afirmó a otra de las

---
[57] Investigador en Caltech hasta 1977. Desde 1990 que es profesor emérito de la Universidad de California, Estados Unidos.

mujeres que, afligidas, buscaban sacarle el máximo de información a quien saliera del estadio.

Caminando se fue al departamento de su pareja ubicado cerca de la Escuela Militar. Los recuerdos de sus días en el estadio, el desvanecimiento de una lucha en la que creía y el gesto de solidaridad de las mujeres lo dejaron pensando.

Días después de su liberación fue al INTEC. Quería saber si la promesa de la Junta Militar de permitirles a los ex "prisioneros de guerra" volver a sus puestos laborales sin inconvenientes sería cierta. Pero se llevó una sorpresa. El 11 de octubre de ese año, la filial de Corfo había cesado los servicios de Espejo por "caducidad del contrato de acuerdo al artículo 1° del Decreto de Ley n° 22"[58] de la época.

Estuvo algunos meses con trabajos esporádicos. La "L" que le marcaron en su carné de identidad cuando salió del estadio le trajo más de algún problema. La odiosidad masificada y el miedo de contratar a un ex detenido político fueron más fuertes en el mundo académico chileno. Pocos se atrevieron a apostar por ellos, y los que lo hacían se arriesgaban a una serie de presiones.

El médico Fernando Mönckeberg, Premio Nacional de Ciencias Aplicadas y Tecnológicas 1998, recibió a varios profesionales en el Instituto de Nutrición y Tecnología de los Alimentos (INTA) y en el Consejo Nacional para la Alimentación y la Nutrición (Conpan)[59], lo que le valió la crítica de la Junta Militar.

"Siempre hubo amenazas del tipo de que a tal persona no podía tenerla trabajando, y yo les decía que lo necesitaba. Incluso me

---

58 Certificado "Aviso de cesación de servicios". Archivo Nacional de Chile.
59 En 1974, el comandante en jefe de la Fuerza Aérea y miembro de la Junta Militar, Gustavo Leigh, contrató a Mönckeberg para crear el Conpan. El fin era coordinar y desarrollar una política nacional de alimentación y nutrición para aplicarla en todo el país. A los pocos meses de la salida de Leigh, el Ministerio de Hacienda de la época puso término al Conpan. La razón del cierre del programa, según Mönckeberg, se debió a que "la Junta creía que el Conpan solo sirvió para refugiar a un montón de agitadores".

traje a otros de afuera, porque como el financiamiento del INTA era extranjero como el de la Rockefeller Foundation y Ford Foundation, me hacía ser más independiente al gobierno de turno. En el Conpan, [Gustavo] Leigh me daba mucha libertad con mi trabajo. Cuando me enteraba que había un académico o profesional de la salud detenido, yo me acercaba directamente a él para pedirle que lo liberasen, y me decía: "¡bueno, se lo paso pero usted se hará responsable!". Yo no le respondía, pero luego me preguntaba que de qué debía hacerme responsable si nada grave habían hecho"[60].

A principios de 1974 Caltech le ofreció a Espejo un puesto de investigador. Estuvo un año en Estados Unidos, y luego recibió una oferta para trabajar como académico en la Universidad Autónoma de México (UNAM). Doce años estuvo en tierras aztecas. Comenzó a investigar el rotavirus, y diseñó y fabricó un kit para su diagnóstico. Las contribuciones que dio en esta materia lo llevaron a conseguir, al poco tiempo, el puesto de jefe del Departamento de Biología Molecular de la UNAM.

Sin embargo, lo funesto de lo vivido y el anhelo de volver a ver su país como una nación democrática, lo llevaron a participar en diversas actividades políticas en la "Casa de Chile"[61] y en otras instancias que le permitieron regresar en más de alguna ocasión, a pesar de tener prohibido el ingreso por la dictadura de Augusto Pinochet.

"Traía, por ejemplo, materiales impresos para repartirlos entre los grupos de oposición. Fui correo, porque al ser profesor universitario jamás me registraron más de la cuenta cuando ingresaba a Chile, y participé también en otras actividades destinadas a terminar con la dictadura"[62].

---

60 Entrevista con la autora, 4 de junio de 2014.

61 Funcionó como un espacio de colaboración y ayuda entre los exiliados chilenos residentes en México. La Casa de Chile, financiada por el gobierno mexicano de Luis Echeverría Álvarez, contaba con un centro de salud de medicina general, pediatría y odontología; una biblioteca; un centro de documentación; y una imprenta.

62 Entrevista con la autora, 28 de marzo de 2014.

Casado y separado dos veces, su hija Javiera nació en México. Pero la nostalgia pudo más. En 1988 decidió volver definitivamente. Sin contrato comenzó a trabajar en el Centro de Estudios Científicos de Santiago (CECs) especializándose en el diagnóstico, seguimiento y caracterización del virus del Sida. En el laboratorio, instalado en el Departamento de Microbiología y Parasitología de la Facultad de Medicina de la U. de Chile, logró por primera vez en el país aislar los dos virus del VIH.

A su vez, comenzó a realizar asesorías a la Sociedad Minera Pudahuel gracias a su vasto conocimiento en el proceso de biolixiviación para el cobre. Tres años después, en 1991, la Sociedad decidió no seguir con el equipo de investigación. Fue un año complicado. Sabía que en Chile su "pasado rojo" aún tenía repercusiones.

Especializado en ecología de comunidades microbianas, un día se acercó a las dependencias del INTA para ver si encontraba espacio en su equipo multidisciplinario. Mönckeberg lo recibió.

-"Me interesa trabajar con ustedes, pero ¿crees que tendrás algún tipo de inconveniente por mí?", le preguntó Espejo con las ganas de ir directamente al grano.
-"No debería por qué. Nos interesa tu trabajo. ¡Dame unas horas y te confirmo!", respondió Mönckeberg sin titubear.

Al día siguiente tuvo la respuesta. Fue aceptado y comenzó a dictar clases de biotecnología.

Alejado del Partido Comunista, y en los casi veintitrés años que lleva como académico e investigador del INTA, Espejo es hoy uno de los profesionales más citados en revistas indexadas no solo por sus investigaciones pioneras en Chile sobre la inmunodeficiencia adquirida y el rotavirus, sino que además por la identificación de las diferentes cepas que componen el *vibrio parahemolítico*[63]. A raíz de este estudio, Espejo precisó cuáles eran los factores que desenca-

---

[63] Esta bacteria, que causaba fuertes malestares diarreicos, apareció en Chile en Antofagasta a mediados de 1998. Pero no fue hasta el año 2005 cuando tuvo su mayor

denaban el malestar digestivo en las personas que consumían los peces y mariscos que contenían la bacteria.

En marzo de 2011 se sumó a otro proyecto ambicioso. Asumió el puesto de director ejecutivo de OMICS Solutions, uno de los centros latinoamericanos más grandes en almacenamiento y análisis de secuencias de ADN.

Por sus "contribuciones al mundo científico nacional y cualidades personales", en diciembre de 2013 destacadas personalidades científicas que integran la Academia Chilena de Ciencia le designaron el Sillón 10 de la sala – en reemplazo del ex académico del Departamento de Biología de la U. de Chile, Tito Ureta, quien falleció el 9 de julio de 2012- y que solo es otorgado cuando uno de sus integrantes fallece. Esta designación es parte del reconocimiento que quiso darle la Academia y el profesorado universitario del país a Romilio Espejo por su aporte al desarrollo de la ciencia en Chile.

---

nivel de contagio. Cerca de 8 mil personas que consumieron productos de la costa marina se intoxicaron.

ANEXOS

Entrada al camarín nº 3, Estadio Nacional de Chile.
Foto: Sue Carrié.

Interiores del camarín nº 3, Estadio Nacional de Chile
Fotos: Sue Carrié.

Interior Caracol Sur, Estadio Nacional de Chile. Fotos: Sue Carrié.

Caracol Sur, Estadio Nacional de Chile. Foto: Sue Carrié.

Imágenes de los rincones de la Escotilla nº 8, Estadio Nacional de Chile. Fotos: Sue Carrié.

REPUBLICA DE CHILE
JUNTA DE GOBIERNO
MINISTERIO DEL INTERIOR
SECRET.EJEC.NAC. DE DETENIDOS

SECRETARIA EJECUTIVA NACIONAL DE DETENIDOS

EJERCITO DE CHILE
CAMPAMENTO DE DETENIDOS
ESTADIO NACIONAL

154/73-20

C E R T I F I C A D O

El Jefe del Depto. Control de Detenidos que suscribe, certifica que Romilio Homar Espejo Torres , Céd. Identidad N° ▓▓▓▓▓ de Santiago , permaneció detenido en el Estadio Nacional desde el 26 Septiembre hasta 3 Noviembre.

SANTIAGO, 3 de Noviembre 1973.

NOROR ESPINOZA ULLOA
Coronel
Jefe Depto. Control de Detenidos

Aviso de Cesación de Servicios

NOMBRE EMPLEADOR	ROL UNICO TRIBUTARIO	DOMICILIO
COMITE DE INVESTIGACIONES TECNOLOGICAS - CORFO 60706.033-9		Bandera 341
CIUDAD		
Santiago		

comunica(n) a Uds. que con fecha 11 de Octubre de 1973, ha(n) puesto término al Contrato de Trabajo celebrado con

el Sr.:
APELLIDO PATERNO	APELLIDO MATERNO	NOMBRES
ESPEJO	TORRES	ROMILIO

CARNET DE IDENTIDAD Nº	GABINETE DE	ROL UNICO TRIBUTARIO Nº
███████	Santiago	3.500.627-2

quien le prestaba sus servicios desde el 1° de Mayo de 1973, y que desempeñaba las funciones de (*) Investigador en la localidad de Santiago

y sus imposiciones se depositaban en la Sucursal de Santiago-Centro
por una renta mensual de Eº (**) 65.192.- La cesación de sus servicios se ha debido a: Caducidad de Contrato. (Art. 1° Decreto Ley N° 32)

Indique la causa con toda claridad, mencionando el precepto aplicado, de la Ley 16.455 consignada en el dorso.

Santiago 30 de Noviembre de 1973

USO INTERNO
Nº Indice
Nº Rol
FIRMA AUTORIZADA

Nº Carnet 2.591.767 de Santiago

(*) Oficinista, Contador, Comisionista, Taxista, etc.
(**) Si ganaba sueldo fijo, indique el último. Si la renta era variable, el promedio de los últimos 6 meses.

NOTA: ESTE CERTIFICADO DEBERA SER EXTENDIDO EN QUINTUPLICADO, A MAQUINA Y SIN ENMENDADURAS.

CAPÍTULO II
¡Ahora es el turno del MIR!

Faltaban minutos para que el domingo 15 de diciembre de 1974 llegara a su fin. Las calles aledañas al cerro Santa Lucía estaban vacías. Había un silencio extraño que a ratos perturbaba el ambiente. De pronto algo lo quebró. El ruido del motor de un Fiat modelo 125, estacionado fuera del edificio ubicado en Agustinas n°611, era indicio de que la Dirección Nacional de Inteligencia (DINA)[64] buscaba a alguien. Así lo entendió el físico, y entonces docente de la Universidad de Chile y asesor académico de la Pontificia Universidad Católica, Boris Chornik Aberbuch, cuando vio que cuatro hombres de civil lo esperaban en la entrada del inmueble.

"Señor, somos del Ejército y lo estamos buscando para hacerle unas consultas, ¿subamos?", le dijo uno de los efectivos mientras rápidamente guardaba su credencial. "Sígame", respondió Chornik que volvía de avisarles a sus amigos y cercanos que Nora Guillen Graf, una joven licenciada en Danza de la U. de Chile, colaboradora del Movimiento de Izquierda Revolucionario (MIR) y su novia, horas antes había sido detenida.

El encuentro no le sorprendió. En dos ocasiones, los mismos funcionarios de la DINA acompañados de su jefe, "uno alto, de aspecto deportivo, europeo, nórdico, eslavo"[65], se presentaron con tono cordial y discreto y registraron su departamento. La primera vez fue por Nora, y en la segunda, sin la presencia del mandamás, buscaban una ampliadora considerada por los agentes la prueba que identificaría a los integrantes del MIR. Nada hallaron en la pri-

---

64 Bajo el decreto n° 521, la DINA fue creada en junio de 1974 y definida como "un organismo militar de carácter técnico profesional dependiente directamente de la Junta de Gobierno, y cuya misión será la de reunir toda la información a nivel nacional, proveniente de los diferentes campos de acción, con el propósito de producir la inteligencia que se requiere para la formulación de políticas, planificación y para la adopción de medidas que procuren el resguardo de la seguridad nacional y del desarrollo del país". Su director fue el teniente coronel de Ejército (r) Juan Manuel "Mamo" Contreras, hasta su disolución el 2 de julio de 1977.

65 Declaración de Boris Chornik Aberbuch. Archivo de la Fundación de Ayuda Social de

mera ni en la segunda visita. Durante los diez meses que Chornik fue ayudista del MIR tras el golpe de Estado, usó una proyectora para replicar en papel fotográfico información e instructivos dirigidos a los militantes perseguidos.

Los ánimos, al no poder encontrar los centros clandestinos del proscrito movimiento, estaban exaltados. Dos días antes de la detención de Chornik, un grupo operativo de las fuerzas armadas irrumpió en la casa de seguridad ubicada en Venecia n°1722, comuna de Independencia, donde la prensa señaló que los efectivos de la DINA encontraron un "vasto plan de acciones terroristas llamado Operación Relámpago que se ejecutaría el 20 de diciembre con el fin de sembrar el caos, la destrucción y desconcierto en el Gobierno"[66]. Al parecer, el descubrimiento era todavía intrascendente para los medios de comunicación chilenos.

En la nota "El MIR revela planes y rencores", *El Mercurio* señala que en "la revista 'Correo de la Resistencia' un número especial (septiembre de 1974) está dedicado a revelar la táctica del MIR en el actual período. Resalta en sus contenidos las formas de sabotaje recomendadas para dañar la economía nacional, la explicación del MIR por el no cumplimiento de sus bravatas, y que incendiaría Chile de punta en punta si era expulsado el marxismo del poder"[67].

Varias vueltas dieron en el departamento n°72 ubicado en pleno casco histórico de la capital santiaguina. Todo estaba en orden. Ya no buscaban la ampliadora. Esta vez el objetivo era él.

"Nos tiene que acompañar. Volverá en dos horas más", precisó uno de los agentes. Chornik, en segundos, alcanzó a tomar un lápiz y un trozo de papel, y les indicó que le avisaría a su madre, quien residía en el mismo edificio que él, para no preocuparla. Rápidamente redactó: "Mamá, a las 12 p.m. han venido a buscarme personal de Ejército para aclarar un asunto con Nora (que está ahora detenida).

---

las Iglesias Cristianas (FASIC).
66 Diario *La Segunda*, 14 de diciembre de 1974. Página 6.
67 *El Mercurio de Santiago*. 15 de diciembre de 1974. Página 15.

Me han asegurado que volveré dentro de 2 horas. Boris"[68].

El entonces profesional de 33 años fue sacado de su residencia y subido al Fiat 125 que los esperaba. A poco andar le pusieron una venda en los ojos con cinta adhesiva reforzada dejándole libres manos y pies. De los cuatro agentes, dos se sentaron junto a él. Nadie habló ni murmuró durante todo el camino.

Con el correr de los días la ausencia de Chornik se notó en los pasillos de la Facultad de Física y Matemática del campus Beauchef de la U. de Chile. Uno de sus colegas llamó a su familia, quienes le contaron que el Ejército se lo había llevado.

Su detención sorprendió no solo a sus más cercanos, sino que también a su círculo académico. El alumno aventajado del Liceo Lastarria y destacado ingeniero civil electricista de la U. de Chile, no acostumbraba participar en actividades políticas. Aficionado a la música, ocupaba su tiempo libre en la flauta dulce y el clavecín. O, al menos, eso era lo socialmente sabido antes de la toma del poder por parte de la Junta Militar.

El físico teórico y académico de la casa de estudios estatal, Patricio Cordero Simunovic, lo recuerda: "Inmediatamente nos organizamos y enviamos dos cartas, una dirigida a Sebastián Salomó (físico de la U. de Chile y exiliado en Venezuela tras el golpe) para que la difundiera por todo el mundo, y otra que unos colegas distribuyeron en la prensa chilena. La idea era generar presión para que lo soltaran"[69].

Si bien en la carta Cordero precisa que Chornik era uno de los profesionales más alejados de los movimientos sociales, sabía que eso no era así. "Siempre supe que él estaba ligado al MIR. Pocos días antes que desapareciera, vi en una esquina a Boris arriba de su auto llevando a tres personas. Sospeché inmediatamente que se

---

[68] Escrito presentado en la Corte de Apelaciones de Santiago el 17 de diciembre de 1974. Fundación de Documentación y Archivo de la Vicaría de la Solidaridad.
[69] Entrevista con la autora, 30 de enero de 2014.

los estaba llevando a la embajada de Brasil, porque yo sabía que él tenía contactos con esa y con otras embajadas. Nos saludamos y sin preguntarnos nada cada uno siguió su camino".

La inquietud social de Chornik venía desde mucho antes del golpe de Estado. Finalizando su doctorado en física en la Universidad de California, Berkeley, fue testigo de la agitación social que brotaba en distintos parajes de Estados Unidos por causas como el asesinato del presidente John F. Kennedy, la participación de EE.UU. en la guerra de Vietnam y el racismo que provocaba constantes conflictos internos. En la Universidad de California esta ebullición se vio reflejada en el *Free Speech Movement*[70].

En una ocasión, paseando por la avenida Telegraph, Chornik vio cómo los *People's Park* del '69, que protestaban por un parque dentro de la institución pública, eran fuertemente reprimidos por la Guardia Nacional. "Para mí eso fue demasiado indignante"[71].

El ruido de sables que enfrentaba América Latina a principios de las décadas del '60 y '70 también lo sedujeron, aunque en esos años "solo fui observante". Los movimientos insurgentes que abogaban por la agonía del sistema capitalista se consolidaban en la región formando nuevas y radicales directrices. Tal fue el caso de la Revolución Cubana de 1959, que definió "a los enemigos de los sectores populares en la oligarquía y el imperialismo norteamericano, y estableció una estrategia política de conquista del poder: la lucha armada guerrillera"[72].

En Chile, en 1964, un grupo de jóvenes estudiantes de la Universidad de Concepción, militantes de la Federación Juvenil Socialista (FJS), se retiró de la organización y formó la Vanguardia Revolu-

---

[70] Este movimiento social, nacido a principios de 1964, pretendía ampliar los espacios de discusión sobre la política de facto y la libertad de expresión dentro del campus universitario. Esta corriente fue encabezada por Mario Savio, Brian Turner, Bettina Apthecker, y Steve Weissman.

[71] Entrevista con la autora, 28 de enero de 2014.

[72] GOICOVIC, Igor. *Historia oral e historia política. Izquierda y lucha armada en América*

cionaria Marxista (VRM). "Los días 14 y 15 de agosto del siguiente año se realizó el congreso de Unidad Revolucionaria. Asistieron un centenar de delegados, los que aprobaron una serie de tesis políticas, eligieron un Comité Central de veintiún miembros, y designaron como jefes al médico trotskista Enrique Sepúlveda, Eugenio Cossio y Clotario Best. Así surgió el Movimiento de Izquierda Revolucionaria (MIR) inspirados en la vanguardia marxista leninista de la clase oprimida y explotados del país que buscaban romper sus cadenas de más de 150 años de lucha por la emancipación nacional y social que los conduciría al socialismo y al comunismo"[73].

Dos años después realizaron un tercer congreso para evaluar el nivel de desarrollo alcanzado por el movimiento. En aquel evento, "la mesa directiva fue cambiada y asumieron la dirección del grupo Luciano Cruz, Sergio Zorrilla, Edgardo Enríquez (Pollo), Bautista van Schouwen (Bauchi), Jorge Fuentes Alarcón (Trostko), Andrés Pascal Allende (Pituto), Humberto Sotomayor (Tito, Tonio), Nelson Gutiérrez (Guatón), y Miguel Enríquez. Esta nueva orgánica significó una aceleración en la implementación de la estrategia más radical"[74] de la izquierda chilena.

*

Pasaban los minutos y el vehículo de la DINA seguía su rumbo. Hasta ese momento todo estaba calmo. Chornik luchaba por mantenerse sereno. Sabía que él era el último eslabón de colaboradores del MIR, y siguió aferrado al compromiso de que pronto volvería a casa, mientras recordaba cuando vio desde la ventana de su departamento, al día siguiente del bombardeo de La Moneda, una seguidilla de cortejos fúnebres que pasaban por calle Miraflores. Allí iban las primeras víctimas del golpe.

Cerca de las 1 a.m. del 16 de diciembre del '74, el sonido oxidado de un portón de fierro y el ruido del roce de las ruedas con un

---

Latina. Capítulo "El Movimiento de Izquierda Revolucionaria (MIR) y la irrupción de la lucha armada en Chile, 1965-1990". LOM Ediciones. Año 2012. Página 160.
73 PÉREZ, Cristián. *Vidas Revolucionarias*. Editorial Universitaria. Año 2013. Página 99.
74 Op. Cit. Página 100.

piso de gravilla alertaron sus sentidos. El auto frenó violentamente. Y el trato fue otro. De un santiamén los agentes pasaron de la amabilidad mostrada en los primeros momentos a la agresión física y mental. "¡Bájate, hue'on!", le ordenó uno a Chornik que, al hacerlo con dificultad, lo tomó brusco del brazo y lo llevó al living de una casa que simulaba ser una "sala de recepción". Un guardia apuntó sus datos, le retuvo su cédula de identidad y el único objeto personal que ese día llevaba: un talonario de cheques que los mismos agentes le pidieron romper.

Un olor a orina y sangre le dieron la bienvenida. La tenue luz que se colaba entre la cavidad de los ojos y la venda le permitió ver el piso de parquet del lugar, y las manos de sus captores. Algunos tenían dedos callosos que daban muestra de años de trabajo. En otros se evidenciaba la lisura de una piel clara que acusaba la ausencia de trabajos manuales y del uso de herramientas.

Apenas finalizó la inspección de rutina, un agente se le acercó, lo saludó y le dijo con voz aterciopelada: "usted debe entender que en algo anda y nos debe colaborar". Sin razón aparente le trajo a Nora, su pareja, que había sido detenida horas antes afuera de su residencia en la comuna de Ñuñoa. Chornik identificó al hombre. Era Manuel Carevic Cubillos[75], coronel de Ejército y uno de los agentes que días antes buscaba a Nora en su departamento.

Otro efectivo apareció y lo llevó a un cuarto oscuro donde solo se escuchaba la respiración de los que esperaban su turno para ser interrogados. Le dieron una manta gris y lo forzaron a entrar. Todo

---

[75] En declaraciones entregadas a la Vicaría de la Solidaridad y a los tribunales de justicia chilenos, Chornik señala que fue el brigadier (r) de Ejército Miguel Krassnoff Martchenko quien lo había visitado días antes de su detención. Sin embargo, en una entrevista realizada el 5 de mayo de 2015, el académico se retractó y precisó que "en mis primeras declaraciones creía que era Krassnoff, pero después de obtener más información llegué a la conclusión que era Carevic. Cuando nos citaban a declarar nos mostraban muchísimas fotos para que identificáramos al o a los agentes de la DINA, y había una idea generalizada de quienes eran estos agentes, en particular Krassnoff. Hoy estoy convencido que el agente que mandaba el grupo que me detuvo se llama Manuel Carevic Cubillos, y no Krassnoff".

fue rápido, porque "no era horario de trabajo"[76].

Poco pudo imaginar en ese momento dónde estaba y qué era lo que le esperaba. El docente de la U. de Chile había llegado a uno de los centros de detención, interrogación y tortura más temidos: Venda Sexy o La Discoteque, nombre dado por los mismos detenidos y del que se desconoce su jerga militar, "estuvo destinado para albergar, principalmente, a los miristas que integraban las estructuras estudiantiles y juveniles"[77], y se caracterizó por mantener música ambiental permanente para acallar los gritos de los torturados.

Esta casa de dos pisos, ubicada en pleno barrio residencial entre las calles Irán n°3037 con Los Plátanos, hoy comuna de Macul, fue arrendada en junio de 1974 por el mayor de Carabineros e integrante del grupo operativo Chacal que pertenecía a la Brigada Purén[78] de la DINA, Miguel Eugenio Hernández Oyarzo[79], alias "Felipe Bascur" o "Don Felipe", a Luis Muñoz Muñoz, hermano de Héctor Muñoz Muñoz, dueño de la vivienda y quien desde 1973 residía en el extranjero.

En la primera planta de la residencia había un living amplio y una cocina que se caracterizaba por contar con un piso tipo flexit distinto al de cualquier rincón de la casa que disponía, además, de una escala que descendía al subterráneo. Al fondo se ubicaban las piezas de mujeres y las de los hombres. Cada una contaba con una ventana grande forrada que no permitía ver hacia el exterior. Al

---

76 Una de las características de este recinto fue la rigurosidad con que los agentes de la DINA cumplían sus ocho horas laborales, a excepción que un superior ordenara extender la jornada para "trabajar" a un(a) detenido(a).

77 SALAZAR. Manuel. *Las letras del horror. Tomo I: La DINA*. LOM Ediciones. Año 2011. Página 153.

78 Esta unidad, que dependía directamente de la Brigada de Inteligencia Metropolitana (BIM) y que operó también en Villa Grimaldi, estuvo dirigida por el oficial de Ejército Raúl Iturriaga Neumann y el mayor de Ejército Eduardo Espinoza, ambos detenidos hoy en Punta Peuco.

79 Luego de la disolución de la DINA, Hernández Oyarzo pasó a la Central Nacional de Inteligencia (CNI).

costado de los varones había un baño equipado con una tina, un lavamanos, un WC, un espejo y una ventana "ojo de buey" con un trozo de vidrio roto. Cerca de las mujeres estaba la escalera que los detenidos identificaban de mármol, y que permitía subir a la segunda planta donde había un baño, tres habitaciones, y una sala de interrogatorios.

En Venda Sexy se utilizó la parrilla, donde se aplicaba corriente en los órganos genitales, en la boca, oídos, sienes y pezones; el "teléfono"[80], la "ruleta rusa"[81], quemaduras con cigarrillos, colgamientos, golpes de puño y pies, privación de sueño, asfixias. Todas estas torturas fueron aplicadas tanto en el subterráneo como en el segundo piso del recinto.

Pero el tormento más frecuente fueron las violaciones y aberraciones sexuales de las que fueron objeto los detenidos y las detenidas. Estas acciones eran cometidas por los guardias – personal de las fuerzas armadas y de orden, también civiles- y agentes quienes, con frecuencia, utilizaban un perro pastor alemán llamado "Volodia"[82], amaestrado especialmente para cumplir con tales fines. En ocasiones, el can, antes de que el torturador concretara la violación, era azuzado para que lamiera los órganos genitales del prisionero o prisionera.

A pesar de los más de 40 mil casos que sumó el total de personas desaparecidas, ejecutadas y presas políticas que figuran en los informes de la Comisión Nacional de Verdad y Reconciliación (Informe Rettig)[83], y en el de la Comisión Nacional sobre Prisión Po-

---

80 Golpe fuerte y simultáneo con las palmas de las manos en los oídos del detenido.

81 Este método de tortura se define como la intención de disparar en la sien un revolver cargado (o que simula estarlo) con una sola bala, ignorando en qué lugar del tambor está alojada esta.

82 Su nombre era en "honor" al escritor chileno y dirigente del Partido Comunista, Volodia Teitelboim. La agente que estuvo a cargo del entrenamiento del pastor alemán fue la mayor de Carabineros Ingrid Olderock Benhard, quien murió en marzo de 2001.

83 Creada bajo el Decreto Supremo n° 355 en abril de 1990, esta Comisión fue presidida por el abogado Raúl Rettig. El informe que emanó de ella abarca, principalmente, los casos de detenidos desaparecidos y ejecutados políticos durante el periodo 1973 y 1990.

lítica y Tortura (Informe Valech)[84], durante el periodo 1973 a 1990, los delitos de tortura y de violencia sexual aún no están tipificados en el Código Penal chileno.

Para impulsar cambios legislativos en esta materia, cuatro ex presas[85] que pasaron por los centros de detención Londres 38, Villa Grimaldi, Tejas Verdes y Venda Sexy, presentaron en mayo de 2014 una querella criminal por violencia sexual durante la dictadura militar de Augusto Pinochet Ugarte. La acción, dirigida contra el ex jefe de la DINA Manuel Contreras y otros diez agentes[86], fue formalizada ante el ministro Mario Carrozza en la Corte de Apelaciones de Santiago por el abogado Hiram Villagra, e interpuesta en el marco de las Convenciones de Ginebra de 1949, a los convenios sobre protección de Víctimas de Conflictos Armados No Internacionales, y al Código Penal del país de 1874 que persigue el delito de violencia sexual como categoría específica, pero que en cien años de vigencia no ha sido modificado.

Venda Sexy estuvo constituida, en su mayoría, por personal de Carabineros y por agentes de la Policía de Investigaciones de Chile (PDI). El porqué de la inclusión de estos últimos en la aplicación de tormentos, el investigador de los centros de tortura y desaparición de personas operados por la DINA y ex detenido, que pasó por Venda Sexy, Pedro Alejandro Matta, lo detalla: "Producto de la poca experiencia de cómo torturar a un ser humano durante los primeros meses después del golpe, a los agentes de las Fuerzas

---

[84] Esta Comisión nació para abordar los casos de las víctimas que sufrieron prisión política y tortura desde el día del golpe de Estado hasta el retorno de la democracia en Chile. Estuvo presidida, en primera instancia, por el obispo Sergio Valech. Tras su fallecimiento, la presidencia la asumió María Luisa Sepúlveda, quien fue la que entregó al ex presidente Sebastián Piñera la segunda versión del Informe Valech en agosto de 2011.

[85] Las sobrevivientes y querellantes son Nieves Ayress Moreno, Soledad Castillo Gómez, Nora Brito Cortés y Alejandra Holzapfel Picarte.

[86] Ellos son Vittorio Orbieto Tiplizky, Raúl Quintana Salazar, Nelson Valdés Cornejo, Klaudio Kosiel Hornig, Raúl Iturriaga Neumann, Gerardo Urrich González, Miguel Hernández Oyarzo, Alejandro Molina Cisternas, David Miranda Monardes, y Jorge Núñez Magallanes.

Armadas se les morían muchas personas, y en determinado momento se decidió que debían entrar a la DINA gente que supiera cómo hacerlo para evitar muertes inútiles. Desde ahí que a mediados de junio de 1974 personal de investigaciones se suma en las filas de la DINA, porque estos eran conocidos por experimentar la tortura con delincuentes con el fin de conseguir confesiones. Ellos recibieron el apodo de *los papis*"[87].

Al poco tiempo los policías pasan a ser los torturadores principales de la DINA, hasta cuando comenzó el retorno de los "profesionales expertos en torturas" que participaron en los cursos de especialización realizados en Sao Paulo (Brasil), y otros de la Escuela de las Américas en la zona del canal de Panamá.

Cometiendo crímenes de lesa humanidad, durante diecisiete años, *los papis*, Carabineros, las Fuerzas Armadas y los agentes de la DINA tuvieron poderes plenipotenciarios que les permitieron avanzar con puño de hierro en la guerra que profesaban tener contra el marxismo. Sin embargo, y particularmente los efectivos que "trabajaron" en Venda Sexy, hasta hoy niegan haber sido torturadores.

"En los juicios ellos [los agentes] indican que esta unidad se dedicaba a la inteligencia en las áreas económica, salud o educación. Pero no la reconocen como un centro de detención donde se realizaron torturas. Hasta la fecha, de los interrogadores de la Venda, en general, solo se ha procesado y condenado a los funcionarios de investigaciones (Risiere del Prado) Altez España, Manuel Rivas Díaz, (Hugo del Tránsito) Hernández Valle, y un agente que era carabinero apodado "El Pillito", de apellido (Juan) Salazar Gatica, fallecido hace poco. Estos han sido los únicos procesados por la aplicación de tormentos en ese recinto"[88], precisa la abogada del Programa de Derechos Humanos del Ministerio del Interior y Seguridad Pública, Loreto Meza Van den Daele.

---

[87] Entrevista con la autora, 17 de junio de 2014.
[88] Entrevista con la autora, 1 de julio de 2014.

*

Jubilado y dedicado a la Física de Superficies, Espectroscopía de Electrones (XPS) y a la Microscopía de Efecto Túnel (STM), durante una tarde de verano del año 2014 Chornik posa a ratos sus codos sobre el escritorio donde distribuye desprolijamente pilas de libros arrinconados. Se toma la cabeza tratando de rememorar.

"Cuando viví exiliado en Venezuela me reuní con un antiguo colega mío de la Universidad de Chile (Darío Moreno), y contando en los lugares donde estuve, recién ahí supe que pasé por la Venda. De regreso en el país pude visitarla. Ese día fue emocionante, aunque no pude ingresar a todos los rincones de la casa"[89].

De pronto se desplaza en su silla hacia un computador que no ostenta ser de último modelo, y que mantiene al fondo de su despacho. Guarda silencio por unos minutos, lo que permite fijar la mirada en los rincones de su *bureau* ubicado en pleno campus de Beauchef: una repisa al frente del escritorio repleta de libros ajados por el tiempo, y paredes color *beige* donde resalta un único y pequeño cuadro de Don Quijote de la Mancha montando a Rocinante, su caballo.

-¿Es fanático de las novelas caballerescas?
-"No soy asiduo a la lectura, pero me gusta El Quijote por su forma de ver las cosas, por su condición idealista. Creo que por eso me identifico con él", respondió despreocupado, e interrumpiendo la conversación se acercó nuevamente a su escritorio, estirando su brazo con el puño cerrado.

Recibí la oferta. Era un nimio trozo de papel donde apenas se leía el nombre de otro colega suyo detenido durante la dictadura militar. Estaba escrito a mano. La petición se la había solicitado días antes de la entrevista para que me ayudara a encontrar a otras personas que estuvieron con él en aquellos meses oscuros. Me miró a los ojos con asombro. "Instintivamente corté el papel de ese tamaño, lo más probable es que haya sido al evocar mis días como

---
[89] Entrevista con la autora, 28 de enero de 2014.

ayudista del MIR. Teníamos que hacerlo de esa manera, porque si me encontraban, esos trozos son más fáciles de meterlos a la boca y comerlos. La idea era eliminar la evidencia".

Al alba del 16 de diciembre del '74, su madre ingresó al departamento de Chornik y encontró la nota que horas antes su único hijo le había escrito. Desde ese momento su padre, el ingeniero civil y ex director de la desaparecida Asociación de Ahorro Bernardo O'Higgins, Salomón Chornik Steingard, quien había realizado clases de física en la Escuela de Artillería de Linares, comenzó las diligencias para encontrarlo. Las respuestas que recibía eran siempre evasivas. Nadie se atrevía a responder sus consultas.

Bajo el alero de la abogada Graciela Álvarez[90] - que meses después también cayó en manos de la policía política de Pinochet-, sus padres interpusieron el primer recurso de amparo, realizado el 17 de diciembre de 1974. Pero no obtuvieron buenos resultados. Semanas después este recurso fue denegado por la Corte de Apelaciones de Santiago. Tampoco influyeron los contactos internos de la familia en la Escuela Militar, o las distendidas clases que dio Chornik Steingard años antes del golpe a generales como Carlos Prats[91], al que consideraba un alumno aplicado.

Tiempo después supo dónde estaba su hijo. Tuvo suerte. Veintisiete de las más de cien personas que pasaron por La Discoteque hoy son detenidos desaparecidos.

*

El ruido de una máquina de escribir, la música permanente de Julio Iglesias y voces que conversaban entre sí lo despertaron. Con la venda puesta Chornik poco podía percatarse de quiénes lo acompañaban. Aprovechando el ojo descuidado de uno de los guardias,

---

[90] Militante comunista desde los 16 años, Álvarez fue una reconocida abogada defensora de los derechos humanos durante la dictadura de Augusto Pinochet. Falleció en abril de 2011.

[91] Junto a su esposa Sofía Cuthbert, Carlos Prats fue asesinado en Argentina por agentes de la DINA en septiembre de 1974.

a ratos levantaba su nariz para ver entre la venda y la cavidad de los ojos a pesar de la prohibición expresa de no hacerlo. Sin embargo, la necesidad de saber dónde lo tenían recluido era más fuerte.

En eso estaba cuando logró ver de lejos que alguien se acercaba con cautela. Era César Negrete Peña[92] que el 9 de diciembre de 1974 había sido detenido por efectivos de la DINA. El "Flaco René", quien lo había sumado a las filas del movimiento insurgente, se veía física y emocionalmente afectado. Al verlo, Chornik tuvo flashes de los breves encuentros que lo llevaron a ser parte de los ayudistas del MIR tras el derrocamiento de Salvador Allende.

Sus puntos eran en plazas o centros comerciales donde Negrete aprovechaba de entregarle un libro que, entre sus páginas, portaba una pequeña copia de los boletines que se debían reproducir. Ese era el momento para aunar fuerzas. Querían hacerle frente a la Junta de Gobierno implantando, una medida irreversible para todos sus militantes: "el MIR no se asila, lucha y resiste".

"Siempre estuve de acuerdo con la UP y eso se sabía abiertamente entre alumnos, funcionarios y académicos de la universidad. Además me gustaba el MIR por sus ideales desde mucho antes, pero nunca participé en actividades armadas. Si bien en Venezuela hubo una propuesta de ese tipo cuando estuve exiliado, yo no quise, porque ya había nacido nuestra hija y no pensábamos dejarla"[93].

Negrete, también vendado, lamentó todo lo que estaba pasando y lo que vendría. Chornik solo asintió con la cabeza y le dijo que perdiera cuidado. "En ese ni en ningún otro momento sentí rencor con él ni con nadie, porque siempre supe cuáles eran las consecuencias de nuestra lucha".

---

[92] Ingeniero comercial y militante del MIR. Detenido Desaparecido.
[93] Entrevista con la autora, 16 de mayo de 2014.

El encuentro fue breve. El "Flaco René" estaba concentrado en su pareja Marta Neira Muñoz[94] que, producto de las torturas, tenía su cara hinchada, el tabique nasal fracturado y un brazo torcido. Negrete y Neira, detenidos ambos el mismo día, se reunían por segundos en el pasillo que colindaba entre la pieza de los hombres con la de las mujeres, según el estado de ánimo del momento de los guardias.

Chornik aprovechó la ida de Negrete para volver a levantar su nariz y dar una mirada panorámica a la habitación. Había entre trece a quince hombres, todos vendados, y logró identificar a uno de ellos. Era Felix de la Jara Goyeneche[95], que cojeaba por una herida de bala en una de sus piernas y que, "además, los funcionarios de seguridad le habían hecho pasar una camioneta sobre sus extremidades inferiores"[96]. Notó, también, el cuerpo menudo de una persona sentada en posición fetal. Era una mujer que luchaba por mantenerse en calma, aunque su mirada evidenciaba el terror de lo vivido.

Pasaban los minutos. Los quejidos, el castañetear de dientes, los gritos y el escaso abrigo torturaban aún más, mientras los guardias entregaban un tazón de leche con sedimento a medio llenar y poco apetecible.

Las voces de los torturados, entre las sombras, rebotaban en las paredes de Venda Sexy. Los detenidos, aprovechando los espacios de descuido de los agentes, deletreaban sus nombres para que otros los memorizaran y dieran aviso, apenas fuesen liberados, del

---

94 Secretaria vinculada al MIR. Su nombre apareció en el semanario LEA de Argentina en una lista de 119 chilenos presuntamente muertos en combate en el extranjero. Fue vista por última vez en Venda Sexy. Es detenida desaparecida.

95 Ex estudiante de Historia y Geografía en la Universidad de Chile y militante del MIR. De la Jara fue detenido el 17 de noviembre de 1974 y visto en Venda Sexy en diciembre de ese mismo año. El 25 de julio de 1975 su nombre apareció en el diario brasileño O'DIA donde se le indica como uno de los 59 chilenos muertos por rencillas internas del partido.

96 Declaración jurada de Elba Moraga Vega, caso César Negrete Peña. Fundación de Documentación y Archivo de la Vicaría de la Solidaridad.

estado de salud de los que aún permanecían en manos de la DINA.

Una de ellas era Nora, compañera de Chornik desde 1972 y que, al terminar su carrera de Danza en 1974 decidió cursar la Licenciatura en Ciencias en la U. de Chile. Tras el golpe de Estado fue una de las cientos de jóvenes chilenas que decidieron colaborar, desde distintas trincheras, con el derrocamiento de Pinochet y sus esbirros. Nora escogió ser ayudista del MIR.

Horas antes, la novia de Chornik había sido interrogada junto con César Negrete. "Les pregunté (a los agentes) por qué nos tenían todo el tiempo vendados y por qué no mostraban sus caras. Uno de ellos se enfureció y nos gritó que éramos unos inmorales, que el MIR destruía las familias. Respondí preguntándole si su esposa sabía del trabajo que estaba haciendo, vejando e intimidando a las personas. Comenzó a gritar, les hizo gestos a los otros agentes para que me golpearan; estos tipos me patearon, me agarraron a puñetazos. Este efectivo era una persona que a veces interrogaba de manera muy calmada y con buen vocabulario, y en otras gritaba e insultaba"[97].

Silencio en la habitación. Apenas terminaba de deletrear su apellido, aparecen dos efectivos para llevarse a Nora con el fin de hacerle una "inspección médica". "Me dijeron que me quitara la ropa, yo me saqué la blusa, y ahí comenzaron a arrancarme la ropa a base de golpes, empujones y garabatos. Me desnudaron. Entre cinco me revisaron y me manosearon. Ellos buscaban una cicatriz de apendicitis que tengo de niña, y luego me dijeron que me vistiera para devolverme al cuarto de mujeres"[98].

---

[97] Relato de Nora Guillén Graf. Fundación de Documentación y Archivo de la Vicaría de la Solidaridad. Al igual que Boris Chornik, Nora creyó en primera instancia que Miguel Krassnoff Martchenko había sido quien la interrogó en Venda Sexy, tal como lo detalla en sus relatos judiciales. Sin embargo, en los últimos encuentros que ha tenido con la Brigada de Derechos Humanos de la Policía de Investigaciones (PDI) y de acuerdo a la última entrevista telefónica que tuvo con la autora el 5 de mayo de 2015, hoy dice tener certeza que Krassnoff no era el agente que la interpeló en este centro de detención y tortura.

[98] Entrevista con la autora, 10 de junio de 2014.

Con las mujeres los tormentos eran particularmente agresivos. A ellas no solo se les torturaba, abusaba y violaba en el subterráneo y segundo piso, sino que también en las habitaciones y en los distintos rincones de la casa. La ex detenida Beatriz Bataszew Contreras recuerda: "En Venda Sexy había un odio parido hacia nosotras. Los guardias y agentes pasaban, te toqueteaban. A veces uno o varios sacaban a una compañera o a otras con el único fin de violarlas. O no faltaba el que pasaba y te gritaba: "¡Maraca culiá, en vez de estar estudiando andai meti'a en política!". Ellos consideraban que la vida política era terreno propio de los hombres, y detestaban ver a estas jóvenes estudiantes que se inmiscuían en un mundo que no podíamos ni debíamos participar"[99].

Beatriz, apodada "La Batacho" por sus compañeras recluidas y que cayó en manos de la DINA el 12 de diciembre de 1974 al acudir a un punto con Mario Peña Solari, que días antes había sido apresado, describe en forma detallada a "El Papi" (Manuel Díaz Rivas, efectivo de la PDI) en una declaración de julio de 1990.

Este agente, de aspecto fornido y de manos anchas que se caracterizaba por tener un tremendo anillo en una de sus manos, violaba en reiteradas ocasiones a las detenidas, y se frenaba solo cuando la detenida menstruaba[100]. "Un día le pidió a Cristina Zamora (Eguiluz), de profesión médico y que estaba detenida con nosotras, que lo revisara. Ella pudo percatarse que tenía Chancro, lo que revela la existencia de sífilis, previniendo a las detenidas que una vez en libertad se inyectaran penicilina"[101].

Sobre el escritorio de uno de los agentes se asomaba la portada del día con el titular "Se buscan: Efectivos de las Fuerzas Armadas

---

[99] Entrevista con la autora, 16 de junio de 2014.

[100] De acuerdo a las declaraciones de las mujeres que pasaron por Venda Sexy, los agentes no violaban a aquellas que estaban en su periodo menstrual. Ellos se "asqueaban" al notar que la detenida sangraba en la zona vaginal, y solo se limitaban a aplicar otro tipo de tormentos.

[101] Declaración jurada de Beatriz Bataszew, caso José Antonio Herrera Cofré. Fundación de Documentación y Archivo de la Vicaría de la Solidaridad.

y de la policía cercan a Andrés Pascal Allende, sucesor del líder mirista Miguel Enríquez. Él y su "amiguita", Mary Anne Beausire, tratarían de salir del país"[102]. De fondo, una música estridente retumbaba en los distintos rincones de la casa. Un sonido disonante que aún así no lograba mermar los gritos de los torturados.

La venda en los ojos, raída por el sudor, el temor y la sangre, poco permitía tener nociones del tiempo. Venda Sexy nada tenía que envidiarle al Averno. Afuera, los vecinos del sector miraban de reojo lo que ocurría dentro de la casa. El miedo pudo más. Correr el mismo destino de los que llegaban a este recinto los frenaba para hacer cualquier tipo de pregunta, o denunciar lo que ocurría en ese lugar.

*

Desde otra ventana se puede observar los resquicios de una época marcada por el crimen político y el escaso respeto a la vida, lo que lleva a evocar en silencio la Fantasía Cromática y Fuga de Sebastián Bach, que llega de improviso. La precisión y delicadeza de esta obra incita a reflexionar en frases como "es que estábamos en guerra" del otrora director de la DINA, Manuel Contreras Sepúlveda, justificando el accionar de este servicio de inteligencia, pocos años después de su desarticulación, en revista *Ercilla*.

Continuó diciendo: "El hombre pasa a tomar el poder de Dios y, en muchas oportunidades, ante la disyuntiva de matar o morir, opta por lo que más le conviene, y simplemente mata por la necesidad de sobrevivir. En su combate, sus hombres y mujeres escribieron una página de honor en la historia de Chile que algún día será comprendida. Hoy nadie reconoce haber colaborado con la DINA. Solo lo hacen aquellos con el corazón bien puesto"[103].

Al parecer, el peso de la justicia penal y social fueron más fuertes, porque no todos tuvieron "el corazón bien puesto" como Contreras. Gran parte de los agentes procesados que estuvieron en

---

102 Diario *La Segunda*, portada del 16 de diciembre de 1974.
103 Revista *Ercilla*, 20 de junio de 1979. Páginas 15 y 16.

Venda Sexy, Villa Grimaldi o Londres 38, por mencionar algunos recintos, solo asumen la aplicación de tormentos sin causar la muerte del torturado, o niegan sin parpadear su presencia en dichos lugares. Uno de esos efectivos es Manuel Rivas Díaz, "El Papi", que reconoce que torturó, pero que nunca "remató" a un detenido.

O cuando Fernando Lauriani Maturana fue careado con la ex militante del MIR Alejandra Holzapfel Picarte a mediados de los '90s en los tribunales por las torturas y violaciones que sufrió Alejandra durante su periodo como prisionera política, este le dijo: "¡Ay, señora, piense que tengo familia, piense en mí, ya las cosas han cambiado! ¡Ayúdeme, por favor!"[104].

¿Cómo es que hombres y mujeres afectuosos con sus parejas, hijos y nietos pudieron idear y adoptar despiadadas prácticas para extraer información? Parte importante de la respuesta a esta pregunta es posible hallarla en el ensayo *Eichmann en Jerusalén. Un estudio sobre la banalidad del mal* de la filósofa judío-alemana Hannah Arendt donde analizó los argumentos dados por el teniente coronel de la SS nazi Adolf Eichmann en el juicio que se llevó a cabo en su contra en 1961 de acuerdo a la "Ley de enjuiciamiento de los nazis y sus colaboradores".

"Seis psiquiatras habían certificado que Eichmann era un hombre normal. Uno de ellos consideró que los rasgos psicológicos con su esposa e hijos, padre y madre, hermanos, amigos, era "no solo normal sino ejemplar". Tras las palabras de expertos en mente y alma, estaba el hecho indiscutible de que Eichmann no constituía un caso de enajenación en el sentido jurídico ni tampoco de insania moral. Peor todavía. Tampoco constituía un caso de anormal odio hacia los judíos, ni un fanático antisemita, ni tampoco un fanático de cualquier otra doctrina. Tal como dijo una y otra vez a la policía y al tribunal, él cumplía con su deber, no solo obedecía órdenes, sino que también obedecía la ley. Eichmann, mucho menos inteligente y prácticamente carente de educación, vislumbraba, por lo menos de un modo vago, que no fue una orden sino una ley lo que les había

---

[104] Entrevista con la autora, 21 de junio de 2014.

convertido a todos en criminales"[105].

Arendt continuó reflexionando: "Lo que quedó en las mentes de personas como Eichmann, no era una ideología racional o coherente, sino simplemente la noción de participar en algo histórico, grandioso, único".

Visualizar el alma del siglo XX duele. La legitimización de la violencia y tortura como política de Estado aplicados en la Solución Final de los Nazis, en el archipiélago Gulag[106] durante la represión estalinista, o en la Guerra de los Boers entre el imperio británico contra los colones holandeses, por ejemplo, exhibieron las causas y efectos de los campos de concentración y exterminio.

La idea de los ejecutores era arrancar la "mala hierba", separarla del resto para evitar su propagación y mantenerlos fuera de los límites de la sociedad. "Si no funcionan todos estos medios, hay que exterminarlos"[107].

Rápidamente avanzó este nuevo concepto de dominación por Europa y en el resto del mundo. Un manto críptico cubrió Latinoamérica cuando el marxismo sumaba adherentes en la región durante las décadas de los '60 y '70.

Chornik seguía vendado y sentado en una esquina de la habitación esperando su turno. Estaba solo en su escenario privado cuando tres agentes irrumpieron en la habitación. "¡Ya! ¡Tu turno, conchetumadre!", le dijo uno de ellos jalándolo bruscamente del brazo para llevárselo al segundo piso de la Venda. De paso, los efectivos trajeron de vuelta a De la Jara Goyeneche. Estaba alterado y sufría de fuertes estertores producto de la angustiosa sed que le

---

[105] ARENDT, Hanna. *Eichmann en Jerusalén. Un estudio sobre la banalidad del mal.* Random House Grupo Editorial. Año 2014. Página 219.

[106] Abreviatura que en español significa Administración Central de Prisiones y Campos de Trabajo durante la Unión Soviética de Joseph Stalin.

[107] BAUMAN, Zygmunt. *Modernidad y Holocausto.* Capítulo IV: "Singularidad y normalidad del holocausto". Editorial Sequitur. Año 2008. Página 118.

provocaba la aplicación de corriente eléctrica. Lo tuvieron prolongados minutos en la parrilla.

La ruleta rusa, el teléfono y los golpes de puño y pies iban y venían. "¡Dónde está este! ¡Cómo se llama este saco hue'as!", le gritaba uno de los interrogadores al mostrarle fotos de integrantes del MIR, mientras el otro, con un tono de voz suave y conciliador, lo incitaba a decir todo lo que sabía. "¡Tú estai meti'o en esto y en esto otro! Dinos la verdá o te va a ir mal al igual que el resto".

El "bueno" negociaba y el "malo" golpeaba. Los agentes contaban con un método estructurado que permitía mantener debilitados física y emocionalmente a los detenidos para conseguir, de esta forma, la información requerida.

La Batacho relata: "A los pocos días de haber llegado, una persona vestida con uniforme del Ejército entró a la pieza, me pasó un chaleco y me dijo: "Toma, tápate. Acá he visto que el que entra te toca". Me pidió que me sacara la venda y me ordenó mirarlo, mientras el resto de las compañeras presentes seguían vendadas. Me pasó una naranja y me dijo: "cómetela. Tu papá debe estar sufriendo mucho con todo esto". Nada le respondí, porque pensé que me iba a matar de todos modos, pero me pareció muy raro su comentario. Su cara me fue familiar, como la de alguien conocido, porque tenía rasgos eslavos al igual que mi padre. Luego me volvió a decir que de ahora en adelante no me iban a torturar más. Y así fue. Al otro día me mandaron para otro lado de la casa y no sufrí más torturas. O sea, no es que los tipos se calentaban con nosotras y tomaban la decisión de golpearte y violarte. Ellos sabían cuánto, cómo y cuándo iban a parar de torturarte. Hubo momentos, también, en que nos juntaban para que todos comiéramos, detenidos hombres y mujeres, y a nosotras nos daban sopa con un poco de pollo, y a los hombres les daban solo los huesos. Estos no fueron actos casuales, porque la tortura se aprende".

En medio del interrogatorio, mientras Chornik era amenazado con un revolver en la cabeza, aparece Carevic Cubillos, que supervisaba y dirigía las acciones. De pronto uno de los efectivos pone sobre la mesa un documento redactado a máquina. El escrito relataba, con faltas de ortografía, cómo y dónde había sido apresado, y que no había sufrido torturas dentro del recinto. El hijo único descendiente de padres judíos fue obligado a firmarlo sin permitirle hacer ningún tipo de cambios, y sin entregársele copia alguna del documento.

La "sesión de ablandamiento" terminó a los pocos minutos. La acusación seguía siendo la misma que la del principio: ser ayudista del MIR. Entre tanto, en una de las habitaciones, un grupo de la Brigada Purén escogía a uno de los detenidos para salir a *porotear*[108].

Cerca del mediodía, en la casa de calle Irán con Los Plátanos llegaba un nuevo grupo de prisioneros. Unos fueron traídos directamente desde sus casas o de la calle, y otros provenían, ya torturados, de distintos centros clandestinos de la DINA. Entre ellos venía Clivia Sotomayor Torres, estudiante de segundo año de Licenciatura en Física en la U. de Chile y alumna destacada de Chornik. Mientras, en el patio de la Venda, varios de los detenidos vendados fueron forzados a subir a una camioneta cerrada. Ellos tenían otro destino.

*

Catorce días faltaban para que terminase 1974. Un año donde la muerte fue hecha institucionalidad por la Junta Militar. La legitimidad dada a la DINA, existente desde noviembre de 1973 como comisión, les permitió seleccionar estratégicamente a los dirigentes, militantes y ayudantes de cualquier persona u organización que amenazaran lo establecido.

Desde ese entonces ningún movimiento sería azaroso. Las muertes de ex generales como el comandante en Jefe del Ejército, Carlos Prats González[109] y el de la Fuerza Aérea de Chile, Alberto Ba-

---

108 Término utilizado por los agentes cuando sacaban a uno(a) de los(as) detenidos(as) a la calle, y lo(a) hacían ubicar personas de su militancia o ayudistas de la misma.

109 Cuando el general Prats y su esposa Sofía Cuthbert se aprontaban a guardar su vehículo, en la ciudad de Buenos Aires, Argentina, un explosivo a control remoto

chelet Martínez[110], más el asesinato del secretario general del MIR, Miguel Enríquez Espinoza[111], marcaron un antes y un después en la búsqueda de la policía política de Pinochet y sus tres generales en encontrar a los "más buscados".

Los datos así lo demuestran. Si bien la detención arbitraria, la tortura sistemática, y el escarmiento masivo fueron parte del acontecer diario en Chile desde el día del golpe hasta el 10 de marzo de 1990, el grueso de las detenciones calificadas por período ante la Comisión Valech fue durante los primeros tres meses de la dictadura militar. Es decir, de un universo de 33 mil 221 detenciones consideradas por la Comisión ocurridas durante todo el régimen, el 68,70% ocurrieron en 1973. Con los años el número de detenciones fue menguando. Desde el periodo 1974 a 1977 la cifra llegó al 18,33%, y de 1978 a 1990 alcanzó el 12,97%.

*

Boris Chornik, su novia Nora, la "Batacho" y otros tres detenidos iban en la camioneta. Todos ellos tenían directa relación con el MIR o estaban implicados en otros movimientos insurgentes, por lo que eran "altamente peligrosos para la seguridad nacional", frase

---

fue accionado a las 00:45 horas del 30 de septiembre de 1974. El atentado, que dio muerte instantánea a ambos, tuvo su resolución judicial el 8 de julio de 2010 cuando la Sala Penal de la Corte Suprema sancionó a nueve ex agentes de la DINA. En el país transandino el único imputado fue el efectivo Enrique Arancibia Clavel, condenado a cadena perpetua. Cuatro años después logró la libertad condicional. Sin embargo, en abril de 2011 Arancibia fue encontrado muerto en su departamento ubicado en el centro de Buenos Aires. En mayo de 2014, en la causa rol 6581-2012, la Corte de Apelaciones de Santiago ordenó al fisco el pago de $600 millones por daño moral, y más de $124 millones por concepto de daño emergente provocado por el doble homicidio a las tres hijas del matrimonio Prats Cuthbert. El dictamen figura como uno de los montos más altos pagados en causas de derechos humanos en Chile.

110 En noviembre de 2014, el juez Mario Carroza condenó a tres años de cárcel a los coroneles (r) Edgar Ceballos Jones y Ramón Cáceres Jorquera por el delito de tortura en contra del general Bachelet, padre de la primera mandataria chilena Michelle Bachelet, tras ser acusado de traición a la patria luego del golpe de Estado de 1973.

111 El 5 de octubre de 1974, Enríquez murió en un enfrentamiento con agentes de la DINA en la casa que compartía con su pareja Carmen Castillo, ubicada en la calle Santa Fe, comuna de San Miguel.

común del otrora ministro del Interior (1978 a 1982), Sergio Fernández Fernández, a la hora de referirse a la negación de ingreso de miles de chilenos expulsados del país.

Ninguna noción tenían del próximo paradero. Pero en la "Discoteque" los prisioneros aprendieron a agudizar el sentido auditivo y pudieron detectar, a los pocos minutos, que eran trasladados a un lugar con mayor movimiento vehicular. El ruido de las bocinas y el freno de los autos les dieron algo más de indicios. De pronto, el vehículo dobló bruscamente y se detuvo a los pocos minutos. El chirrido de un portón de fierro, abierto desde su interior por funcionarios de Carabineros les avisó que habían llegado.

Los detenidos, mientras eran obligados a quitarse la venda y descender del vehículo, fueron conducidos a un patio en el que había una gran casa blanca. Lograron ver, además, una torre alta de guardia donde habían Carabineros armados. En un costado, un agente de civil apuntaba sus datos personales y los conminaba a hacer una fila para ingresar al inmueble. Sin dificultad, la Batacho tuvo luces de los primeros minutos en aquel recinto. "Pensé que habíamos salido de la tortura y que ahora nos iban a dejar un tiempo corto. Ahí fue cuando le dije al Boris: "pucha qué bueno que estés acá, porque estoy repitiendo Física I". Por esos años yo estudiaba ingeniería forestal y estaba reprobando esa asignatura. Teniendo a un profe como Boris, me dije, ahora sí que voy a pasar. Justo ahí llega el guardia y nos dice: "cállense los concha de su madre""[112]. En esos instantes se dieron cuenta que el circuito de la DINA continuaba sin fecha ni hora de término.

Un efectivo golpeó la puerta de metal y un hombre alto, delgado y de tez pálida, de aproximadamente 40 ó 45 años, los recibió. Era Orlando Manzo Durán[113], alias "Cara pálida", el mayor de Gendarmería a cargo del lugar. Los recién llegados habían arribado a otro cuartel clandestino administrado por la DINA, y que funcionó entre los años 1974 a 1976. Se trataba de Cuatro Álamos.

---

[112] Entrevista con la autora, 16 de junio de 2014.
[113] Detenido hoy en el Penal de Punta Peuco.

El recinto era considerado "de paso", ya que los prisioneros, en ocasiones, eran sacados de allí y devueltos a las casas de la DINA para ser interrogados, liberados o hechos desaparecer. Tales son los casos del sacerdote español Antonio Llidó Mengual, los miristas Pedro Poblete Córdova y Flavio Oyarzún Soto, junto con su conyugue Cecilia Bojanic Abad, quien se encontraba embarazada de cuatro meses a la fecha de su detención. Todos ellos fueron vistos por última vez en este recinto, así como tantos otros que figuran en la lista de detenidos desaparecidos.

Ubicado al interior del campamento Tres Álamos (dirigido este por Carabineros y reconocido por la autoridad estatal como campo de prisioneros), Cuatro Álamos colindaba con el campo a través de un largo y angosto pabellón aislado que estuvo constituido en una serie de doce celdas pequeñas y una décima tercera que se diferenciaba del resto por ser la más amplia, y la que albergaba a un mayor número de personas. Esta cámara, que contenía doce literas, llegó a albergar a más de 80 personas. También contó con dos piezas destinadas a oficinas administrativas, y un dormitorio para la guardia.

Las mujeres fueron destinadas a las celdas 2, 3 y 4. En el resto de las celdas fueron recluidos los hombres. Uno a uno fueron entrando en ellas, las cuales contenían dos camarotes de una plaza metálicos cubiertos con sucias frazadas grises sin sábanas. Habían paredes de cemento y solo una ventana pequeña enrejada que daba a un patio, lo que les hacía imposible ver de una celda a otra. El poco espacio libre que se formaba dentro de ellas era parecido a la letra "T", y cuando aumentaba el número de detenidos en una misma pieza, que iba entre 4, 7 o más personas en un mismo espacio, se desplegaban colchonetas en el piso para que durmieran allí por las noches.

Libres de vendas pero incomunicados totalmente con el mundo exterior, y sin ser reconocidos aún por el Estado chileno como detenidos ni siquiera a sus familiares, los compañeros de calvario buscaban la forma de entregar sus nombres para dar aviso de su estado y del resto de los recluidos apenas fuesen liberados, si es que corrían con tal suerte.

El ex detenido Enrique Pérez Rubilar da cuentas del sistema de señales que ideaban para conocer y ubicar a los prisioneros. "En 4 álamos teníamos formas de tocar la pared del baño y las puertas cuando nos sacaban a retirar la basura o barrer el pasillo, determinadas canciones que cantábamos o silbábamos para saber quién llegaba y quién salía, a veces ocupábamos papeles escritos con lápices labiales con las compañeras u ocupábamos un espejo del baño por la ventana, lo que nos permitía ver a las compañeras de las otras piezas que iban al baño. Además, con cajas de fósforo hicimos un teléfono que no funcionó mucho, pero que nos fue requisado"[114].

Situación similar es la que recuerda Rosalía Martínez Cereceda, apresada junto con su cónyuge Julio Laks Feller el 22 de septiembre de 1974, en una declaración jurada del 16 de diciembre de 1999. "Con mi marido, que se encontraba en otra pieza del mismo recinto, habíamos logrado entrar en comunicación por intermedio de mensajes que nos dejábamos en el baño. Manzo Durán descubrió esto y nos amenazó con enviarnos a la DINA de nuevo, y diciéndonos que si no lo hacía era nada más que porque el hecho que los detenidos tuvieran lápices era una infracción grave que podía encargársele a él mismo. En ese momento nos dijo amenazante: "los vamos a mandar a un campo que tiene la DINA en la cordillera. Es mucho peor de lo que ustedes conocen hasta ahora. De allí no se vuelve más", lo que me hizo suponer que él estaba en ese momento al tanto de los lugares a los que llevaban a la gente cuando la sacaban de Cuatro Álamos y desaparecía"[115].

Parte de la información que lograban recopilar, "se sacaba afuera, pues la pieza 13 estaba conectada por una puerta a Tres Álamos. La puerta estaba cerrada, pero dejaba huecos para pasar papeles"[116].

---

[114] Declaración jurada de Enrique Pérez Rubilar, caso Carlos Carrasco Matus. Fundación de Documentación y Archivo de la Vicaría de la Solidaridad.

[115] Declaración jurada de Rosalía Martínez Cereceda, caso Flavio Oyarzún Soto. Fundación de Documentación y Archivo de la Vicaría de la Solidaridad.

[116] Declaración jurada de Cristián Van Yurick Altamirano, caso padre Antonio Llidó.

Otra de las técnicas utilizadas fue "el teléfono". Este método consistía en hablar a través de un orificio que había en el muro que separaba Tres de Cuatro Álamos y, de esta forma, trasferir datos y nombres de los detenidos que permanecían en dichos lugares. También utilizaron tres orificios ubicados en una de las celdas que les permitían ver tres puntos del recinto: la puerta de entrada al pabellón, el pasillo donde convergían las puertas de las celdas, y el lugar donde se ubicaba el guardia de turno. Para estar informados de los que entraban y salían del sector, los detenidos idearon un sistema de vigías que llamaron "cuervos", quienes se encargaban de avizorar constantemente y comunicaban al resto, a través de señas, los últimos movimientos en el pabellón.

En cuanto a la rutina diaria que debían llevar los detenidos, dos veces al día eran llevados al baño del recinto, en la mañana y al caer la noche. Únicas ocasiones que tenían para beber agua, hacer sus necesidades y sacudirse por un minuto y medio, contado con reloj, del hacinamiento. En el baño no había papel, toalla, jabón ni urinarios, pero sí contenía cuatro lavamanos con cuatro W.C. Al costado, una pieza de duchas con agua fría.

Los guardias repartían tres raciones de comida: en la madrugada les servían un jarrón de té y un trozo de pan, pasado el mediodía les daban un plato caliente, y a la hora de la cena igual cosa que al almuerzo que, por lo general, eran legumbres, cochayuyo o fideos con abundante grasa.

Cada día un centinela realizaba una visita de inspección a las piezas. Un guardia joven de 21 años, alto, moreno y delgado destacaba del resto. Sus gestos de humanidad y de ayuda quedaron en el recuerdo de los detenidos. Su nombre era Carlos Carrasco Matus alias "El Mauro", un cabo segundo del Ejército de Chile que el 14 de marzo de 1975, mientras hacía uso de sus días libres, fue apresado por efectivos de la DINA y visto por última vez en Villa Grimaldi.

Fundación de Documentación y Archivo de la Vicaría de la Solidaridad.

-¿Recuerda al agente de la DINA "El Mauro"?

-"Sí, nos hacía favores como salir a comprarnos útiles de aseo o sacar algunos recados. Pero encontraba que se arriesgaba demasiado y demostraba demasiada empatía por nosotros. En mi pieza había un señor de bastante edad llamado Manuel Jaña y su hija con su guagua, que tenía menos de un año de edad, estaban ambas detenidas también en Cuatro Álamos. En la noche de navidad, Mauro se enteró que estaba la nieta de Manuel entre nosotros. De pronto aparece con el bebé en brazos para que Manuel lo viera. Su nieta lo desconoció y solo quería estar con Mauro".

Carlos Carrasco engrosa la lista de detenidos desaparecidos en Chile. Luis Fuentes, amigo de "Mauro" y ex detenido que estuvo con él en marzo de 1975 en Villa Grimaldi (conocida en su jerga militar como Terranova) relata: "estando yo vendado y rodeado de guardias armados, escuché cómo uno de ellos se refería a uno de los detenidos. El detenido era "El Mauro" que, a juzgar por el ruido producido y por los comentarios que se hicieron en ese momento, iba engrillado por los pies. Al parecer, por lo que comentaban los guardias entre sí, temían que "El Mauro" intentase escapar del lugar en el que él mismo anteriormente había custodiado gente"[117]. De acuerdo a declaraciones de detenidos que también lo vieron en Villa Grimaldi, señalan que "Mauro" fue muerto a cadenazos por "traición"[118].

Horas antes de ese 24 de diciembre de 1974, Chornik tuvo una visita inesperada. Un hombre alto, corpulento, de lenguaje grosero, procaz y violento quería conversar con él. Era el agente Osvaldo

---

[117] Relato de Luis Fuentes Díaz. Fundación de Documentación y Archivo de la Vicaría de la Solidaridad.

[118] En la nota realizada por el diario *La Nación* el 26 de febrero de 2006 al cuaderno de cien páginas del ex agente Osvaldo Romo, se precisa que en su escrito este culpa de la muerte de Carrasco Matus al mayor de Ejército Marcelo Moren Brito. "El día 14 de marzo de 1975, a las 13 horas, llegó a Villa Grimaldi Marcelo Moren Brito. Traía amarrado al Mauro de pies y manos (...) Vi cómo el mayor lo estaba castigando con una correa que hacía el papel de chicote, en la cara, la cabeza y el cuerpo del Mauro amarrado".

Romo Mena[119] que buscaba a una funcionaria de la Facultad de Ciencias Físicas y Matemáticas de la U. de Chile. Lo citó a un corredor y le dijo: "Necesito hacerle unas preguntas y no sé dónde encontrarla".

Chornik afirmó conocerla desde la facultad, pero negó saber la dirección de su residencia. El encuentro fue breve. Apenas Chornik terminaba de responderle a Romo, este le dice: "ya, hoy se trabaja hasta mediodía no má", apurando sus pasos hacia la salida de Cuatro Álamos.

"Cuando lo vi lo identifiqué en el momento, porque en los folletos del MIR ya se hablaba de él por su brutalidad. Años después lo vi nuevamente pero por televisión, y me pareció un tipo aberrante. Una de las cosas que decía es que las mujeres no sufrían, que eran menos sensibles al dolor"[120].

*

El ruido de los cerrojos y el candado de la puerta metálica del sector de incomunicados anunció que una vez más esta se abría. Los pocos murmullos que flotaban en el aire del pabellón huían despavoridos. ¿Por quién vendrían ahora los agentes de la DINA? ¿Serían vueltos a "repasar" o dejados en libertad en algún inhóspito lugar de la capital? ¿A quién sacarían a *porotear*? Estas eran algunas de las tantas preguntas que alteraban la poca y escasa tranquilidad mental, y hasta física, de los detenidos en Cuatro Álamos.

Era 30 de diciembre de 1974, cerca del mediodía, y uno de los efectivos se para en medio del pasillo. Citó a Chornik, a su novia Nora y a otros cuatro detenidos. Esta vez habían sido los elegidos.

---

119 El "Guatón" Romo fue uno de los agentes más sanguinarios de la DINA. En tiempos de la UP destacó por ser un exaltado dirigente sindical de la población Lo Hermida donde fue conocido como el "Comandante Raúl". En mayo de 1974 la DINA lo incorpora a sus filas por conocer a importantes militantes del MIR. En Villa Grimaldi se jactaba delante de los detenidos de haber sido siempre un infiltrado. En julio de 1975 se traslada a Brasil donde reside hasta 1992, cuando fue extraditado a Chile. Murió de una diabetes progresiva en el hospital de la Penitenciaría de Santiago el 4 de julio de 2007.

120 Boris Chornik.

Tras quince días de incomunicación y de incertidumbre sobre sus destinos, el grupo era informado que cruzarían el portón para ser reconocidos en calidad de detenidos en virtud de la Ley de Estado de Sitio.

Mientras hacían una fila, pasó "El Mauro". Se veía hermético, y cumpliendo a cabalidad su labor de funcionario de la DINA delante de sus colegas. Al verlo, en un acto impulsivo Chornik le dijo: "gracias por lo que hizo por nosotros". Ese gesto verbal, que le salió del alma, tensó el ambiente. Era sabido que, intencionalmente, los agentes introducían a delincuentes comunes para obtener información de los presos políticos a través de ellos, y hacer las delaciones correspondientes. Así también introducían, en calidad de prisioneros, a efectivos de la DINA con igual objetivo.

Los ojos de todos los espectadores se congelaron por segundos, esperando alguna reacción de los guardias presentes. Aparentando que nadie había escuchado, "El Mauro" siguió su camino.

El portón se abrió y el grupo fue conminado a pasar por un pasillo. "Espere, firme aquí", les indicó un carabinero, a mitad de camino, que hacía de guardián del paso hacia Tres Álamos. Los detenidos sabían que pasar a "libre plática" significaba que ya eran prisioneros registrados y reconocidos por la Junta Militar, y que pronto podrían reencontrarse con sus cercanos.

Mientras ingresaban al campo con sus harapos, heridos y ensangrentados, un guardia de Carabineros decía al viento: "Los detenidos deben estar vestidos y formados a las 7 a.m. para pasar lista, ejecutándose esta misma operación por la noche antes de irse a sus respectivas piezas. En ese momento se les cortará la energía eléctrica y...". Algunos atajaron extractos de las palabras que formaban parte del reglamento. Pero sus mentes estaban concentradas en aquellos detenidos organizados que esperaban darles la bienvenida luego de un largo trayecto por las tinieblas de la DINA.

El Consejo de Ancianos - directiva que representaba a los detenidos ante los encargados del centro de detención y que estuvo integrada por dirigentes de los distintos partidos políticos (PS, PC y MIR, por ejemplo) y de prisioneros que destacaban del resto- los ubicaron en un pabellón y los evaluaron a cada uno física y psicológicamente. Les asignaron una "carreta"[121] y los incorporaron a los talleres deportivos, culturales y educacionales que los mismos reclusos organizaban y dictaban.

Desde el mismo día del golpe la Junta Militar habilitó recintos para recluir a un gran número de personas consideradas "peligrosas" para el país, como lo fueron los estadios Chile y Nacional y otros pertenecientes a las Fuerzas Armadas y de orden (retenes, regimientos, cárceles públicas, escuelas de formación militar, hospitales institucionales). Pero la Junta requería de centros de detención y tortura estratégicos que les permitiesen concentrar masivamente, y diferenciar, de mejor forma, a los *no-chilenos*.

Así nació el campamento de prisioneros Tres Álamos, que llegó a albergar más de 400 personas entre los años 1974 y 1976. En un principio, este sitio ubicado en calle Canadá n° 5359 comuna de San Miguel, fue comprado al contado por la congregación religiosa "Padres Oblatos de María Inmaculada"[122], en 1957, a Lucila Navarro Maldonado y su familia. Era una hijuela de terreno de siete y media hectáreas donde se ubicaba la casona con los pabellones llamada "Escolasticado San Pío X", y que luego sería Tres Álamos. Era un pequeño bosque ideado para el retiro espiritual y la formación de nuevos sacerdotes.

En 1972, "25.089,75 metros cuadrados la adquirió por expropiación la Corporación de Mejoramiento Urbano por el precio de

---

[121] La carreta era la organización de base que utilizaban los detenidos. Contaba con un lugar físico, una mesa y un mueble donde se almacenaban platos, servicios y la comida que traían sus propios familiares para luego ser administrada equitativamente entre los presos políticos.

[122] Esta congregación, de origen francés, se asentó en Chile en 1948 en la ciudad de Iquique con sacerdotes formadores canadienses en el sector salitrero de la región, y que a los pocos años migraron a la ciudad de Santiago.

1 millón 900 mil escudos"[123]. En ese año y ante la merma de hombres que optaran por el ejercicio del sacerdocio, los Padres Oblatos ya habían abandonado gran parte del recinto que aún les pertenecía, y solo quedaban unos pocos. En 1977, el Consejo Nacional de Menores "adquirió este inmueble por compra a la Corporación de Mejoramiento Urbano"[124], y en 1981 el fisco adquirió el terreno por transferencia que se le hizo al Consejo Nacional de Menores. Hasta la fecha el recinto es administrado por el Servicio Nacional de Menores (SENAME) y utilizado como Cárcel de Niños y Jóvenes.

El campamento, que abarcaba cerca de cuatro manzanas rodeado por alambres de púas sobre la pandereta de cemento de unos 2,5 metros de alto, estuvo dividido en cuatro pabellones: dos de hombres, uno de mujeres y uno de incomunicados (este último Cuatro Álamos).

Cada pabellón de hombres, que contaba con un patio de 35x15 metros aproximadamente, estuvo constituido por nueve piezas, siete de las cuales tenían una superficie de 2,5x3 metros. Las piezas contaban con dos literas metálicas de dos camas. Los otros dos cuartos medían, aproximadamente, 5x5 metros con cuatro o seis camarotes dobles. Había, también, una pieza que era más amplia que el resto, de 12 x 6 metros con 15 o más catres. Los detenidos que no alcanzaban cama dormían en el suelo o de a dos por lecho.

Para los más de 150 detenidos que cada pabellón acogía, habían tres inodoros, tres duchas, y cinco lavamanos.

Mario Benavente Paulsen, ex profesor de la Universidad Técnica del Estado (UTE), quien estuvo detenido desde septiembre de 1973 a 1975 en distintos centros oficiales y no oficiales del Estado chileno, describe en su testimonio cómo era el campo:

---

[123] Fojas 4793, n° 7349. Año 1972. Conservador de Bienes Raíces de San Miguel. Santiago de Chile.
[124] Fojas 578, n° 735. Año 1977. Conservador de Bienes Raíces de San Miguel. Santiago de Chile.

"Los pabellones eran pequeños y estrechos. Aún más exiguos eran los sitios que servían de habitación: no más de cuatro o cinco metros cuadrados. Seis literas, superpuestas de a tres para igual cantidad de reclusos. De vez en cuando efectuaban allanamientos. Eran similares a todos: violencia, destrucción, robos, golpes, groserías. Desde las alambradas se veía pasar, casi todas las mañanas, a la temida "Flaca Alejandra", junto a dos acompañantes: un perro doberman, adiestrado en violación de adolescentes. El otro, sino perro, torturador como ella"[125].

La sección de mujeres también distaba de cualquier tipo de comodidades. Este pabellón era una serie de piezas de madera pegadas unas a otras formando un rectángulo con un patio interior al que llamaban barraca, y que cerraban todas las noches con candado. Cada cuarto tenía aproximadamente unos 4 metros cuadrados, donde residieron entre 8, 10 o más detenidas habitando un mismo espacio. Contaban solo con una ducha y comían en el patio, a la intemperie.

El trato hacia ellas no fue de los mejores. El encargado del recinto, comandante de Carabineros Conrado Pacheco Cárdenas apodado "Patas Cortas" por los detenidos, se encargaba que así fuera. Por sus arengas, sin mayor provocación, su actitud libidinosa y misógina con las mujeres, es recordado: "Pacheco se enfurecía con frecuencia y nos hacía formar en el patio solo para intimidarnos y asustarnos. O cuando escuchaba por la radio extranjera alguna mala noticia sobre su persona, nos castigaba encerrándonos en el chucho, que era una celda de castigo ubicada en el subterráneo de la casona principal, fría, oscura, sucia y con un piso de tierra. Allí nos dejaba incomunicados totalmente por días o semanas, dependiendo de su ánimo. Nos suspendía, además, las visitas o el ingreso de ropas y alimentos"[126].

---

[125] BENAVENTE PAULSEN, Mario. *Contar para saber: Chacabuco, Puchuncaví y Tres Álamos (1973-1975)*. Capítulo "Tres Álamos, callejón con salida". Ediciones Deauno Documenta. Año 2003. Santiago de Chile. Páginas 153 y 154.

[126] Nora Gullén.

El comandante Pacheco, de unos 45 ó 50 años, estatura baja, corpulento, tosco, de cabello oscuro, liso y abundante, de piel morena, nariz ancha, manos regordetas y dueño de un lenguaje soez con los detenidos y sus familiares, gustaba de humillarlos en público. Fue bautizado también como "el del guante blanco", pues no le gustaba mancharse con la sangre de los detenidos cuando los castigaba físicamente. Según rememora Pedro Alejandro Matta, "Pacheco sacaba al detenido de la fila, lo llevaba a una dependencia anexa, y allí se ponía unos guantes blancos antes de golpearlo. No le gustaba ensuciarse"[127].

Ante las paupérrimas condiciones de vida de los presos políticos, las enfermedades se hicieron presentes en Tres Álamos. El hacinamiento, la falta de higiene, el consumo de agua no potable, y las secuelas sufridas por las torturas fueron parte de las complicaciones que se gestaron en este campo. El no contar con los medicamentos para atender las urgencias médicas agravaban aún más la situación. "La Cruz Roja y otros organismos que velaban por la situación de los detenidos, solo podían intervenir en una fase de primeros auxilios. Si una persona requería ir a un hospital, en caso extremo, era llevada y custodiada por sus carceleros"[128].

*

Comenzaba febrero de 1975 y un calor infernal azotaba la capital. Por radio podían escucharse los anuncios rimbombantes del Festival Internacional de la Canción de Viña del Mar. Manolo Galván, Roberto Carlos, Sandro y Coco Legrand eran algunos de los artistas reconocidos que ese año se presentarían en la Quinta Vergara.

El show musical era esperado con ansias por un sector de la población chilena. Para ellos, la euforia y fiesta que provocaba cimentaba un año redondo donde el país había sido "liberado del mar-

---

[127] Entrevista con la autora, 17 de junio de 2014.
[128] Informe *Centros de detención, capítulo "Tres Álamos"*. Comité de Cooperación para la Paz en Chile (COPACHI), Departamento Penal. Fundación de Documentación y Archivo de la Vicaría de la Solidaridad. Página 7.

xismo". En otros, el festival viñamarino no era más que un escenario que encubría la realidad del país, donde miles de chilenos estaban incomunicados, torturados y vejados por la dictadura militar.

Para los presos políticos, un roce de manos y unas palabras de aliento con sus parejas también detenidas eran bálsamos que los confortaban. En Tres Álamos tenían solo quince minutos semanales autorizados por el comandante Pacheco para reunirse. Chornik aprovechó uno de esos momentos para pedirle matrimonio a su novia desde hacia tres años. Nora, como un acto impulsivo reía sin titubear en la respuesta: sí. Sabían que el trámite de expulsión estaba en curso y, para salir juntos del campamento y del país, debían contraer matrimonio. Esa misma tarde Chornik se dirigió a la oficina del comandante Pacheco con el fin de solicitar autorización para realizar dicha ceremonia. Así también lo hicieron tres parejas de detenidos más.

En las afueras del campo de prisioneros, los familiares de los presos oficialmente reconocidos se agolpaban para ingresar. Pero antes debían soportar la exigente revisión que realizaba la guardia de Carabineros para luego pasar a un patio con escasos bancos, a cielo descubierto y sin ningún tipo de comodidad e higiene. Los que no alcanzaban asiento, esperaban sentados en el suelo.

Había desconfianza. Las miradas inquietantes del jefe de Tres Álamos que vigilaba como lobo en celo los encuentros no dejaban a nadie indiferente. "Los familiares desafiaban los maltratos y vejaciones de los Carabineros. En varias ocasiones fueron dispersados violentamente. Disparos, culatazos, puntapiés caían sobre mujeres, niños y ancianos"[129]. Nadie escapaba a los ojos del comandante Pacheco.

Mientras esperaba el dictamen a su petición, Chornik ideaba la forma de conseguir los anillos. No había dinero, pero sí ideas para crearlos. "¿De huesos de pollo? No", se preguntaba, "¿De madera? Podría ser", se respondía. Gracias a los talleres de artesanía en los

---
[129] Op. Cit. Página 156.

que había participado, pudo pulir dos trozos de madera tipo guayacán hasta dar con la forma precisa de su dedo anular izquierdo y el de Nora.

Una semana tardó en llegar la respuesta para él y para el grupo de detenidos que esperaban noticias de la solicitud. Todos se casarían el martes 11 de febrero, de forma sucesiva, ante la oficial del registro civil de San Miguel, Clara Wachtendorff, en la oficina del comandante Pacheco. El turno de Chornik y Nora sería a las 16 horas con 30 minutos.

Llegó el día y todos vistieron sus mejores prendas. En los pabellones esperaban ansiosos a los futuros maridos y esposas que iban camino a encontrarse con sus padres y uno que otro cercano. Todos se acumulaban en la entrada de la oficina del encargado del campo. Ellas no iban vestidas de novia ni los hombres de *smoking*. Tampoco esperaba a los invitados un refinado cóctel. Para celebrar la ocasión, solo había unos cuantos pasteles y dulces traídos por sus familiares y que compartirían con sus compañeros de celda.

La ceremonia fue breve, aunque llena de emociones. Antes de retirarse del lugar, la madre de Nora le entregó una torta a cada uno para que pudiesen compartirla con sus compañeros de habitación.

El jolgorio huyó rápidamente y la conmoción llegó a la semana siguiente a Tres Álamos. De improviso se instaló un televisor en el patio principal del campamento. Los detenidos fueron forzaron a salir de sus habitaciones para presenciar lo que la Junta Militar y el servicio de inteligencia habían preparado exclusivamente para ellos.

El 19 de febrero, sin vendas, cuatro miristas detenidos en Villa Grimaldi, (Cristián Mallol[130], Humberto Menanteaux, Hernán Gon-

---

[130] Hijo de padre catalán y madre palestina, Cristián Mallol Comandari, es matemático de la U. de Chile. Hasta el 7 de diciembre de 1974, día en que fue detenido por efectivos de la DINA, Mallol, alias "Gustavo", fue militante del MIR y miembro de su Comité Central.

zález y Hernán Carrasco)[131] fueron obligados a leer, para la televisión, un comunicado donde incitaban a sus correligionarios a deponer las armas y reconocer la derrota política del movimiento.

Un silencio absoluto se apoderó de los prisioneros. Pasaron varios minutos antes de que reaccionaran con murmullos y miradas descolocadas por lo que habían visto. Mientras se dirigían a sus pabellones, entre susurros, un grupo de detenidos decretaba la sentencia de muerte de estos cuatro miristas. Para algunos lo que acababan de ver no era más que un montaje de la DINA, y otros bisbiseaban diciéndose así mismo que las torturas habían "ablandado" a sus compañeros de armas.

La Conferencia de febrero de 1975 generó distintas miradas. Pero había un punto de convergencia donde todos consensuaban. Los zarpazos del puño de hierro de Pinochet habían calado hondo en la oposición al régimen, sobre todo en el MIR, sector considerado uno de los más organizados.

*

Era la última semana de febrero, y el campamento Tres Álamos estaba colapsando. Una mañana el comandante Pacheco levantó abruptamente a los detenidos. "¡A formar!", les decía dándoles solo un minuto para salir a todos los hombres de sus pabellones. En ese instante, en uno de los patios del campo, un bus esperaba con el motor encendido. Un guardia de Carabineros sacó una lista que contenía los nombres de 30 a 40 presos. Uno por uno los llamó y les ordenó subir al bus y a permanecer agachados dentro de él. El apellido de Chornik estaba en la nómina.

El grupo seleccionado tenía un próximo destino: el campamento de prisioneros Melinka, ubicado en Puchuncaví, Región de Valparaíso.

---

[131] Meses después de ser liberados, Menanteau y Carrasco fueron vueltos a detener, torturados y ejecutados. Sus cuerpos aparecieron en las cercanías de la comuna de Buin, provincia de Maipo, Región Metropolitana.

Este recinto, a cargo de la Infantería de Marina de la Armada de Chile, fue un centro vacacional de propiedad de la Central Única de Trabajadores (CUT) y fue parte de la medida 29 de las 40 que intentó impulsar el gobierno de Salvador Allende para fomentar la educación física y crear centros deportivos en escuelas y poblaciones del país. Luego del golpe, sus bienes fueron confiscados y el lugar expropiado por las fuerzas armadas, siendo transformado en otro campo de concentración para los detenidos políticos que provenían de diversas partes de Chile. Hoy el lugar está demolido. Tras su cierre en 1976 la dictadura militar se encargó de borrarlo. "En una visita solo lo reconocí por un árbol. Lo demás ya no existe"[132].

Al descender del bus, los detenidos son formados y custodiados hasta llegar a un patio abierto. La abundante vegetación y el asomo de cinco instalaciones de diez cabañas cada una les indicaron que esta sería su nueva morada. El ingreso fue rápido. Se pasó lista y a cada recién llegado se le asignó una habitación. Así también se les indicó el horario de funcionamiento del campo: a las 7 a.m. eran sacados de sus cuartos para pasar lista, hacer una fila e ir marchando hasta llegar al único mástil del campo. Debían comenzar la ceremonia de izar la bandera cantando el himno nacional agregándole la estrofa de los valientes soldados. A las 20 horas eran encerrados con candados y a las 22.30 horas se apagaba la luz.

Al anochecer, cuando todos los detenidos estaban conciliando el sueño, los infantes de marina a cargo de Melinka, que eran rotados semanalmente, se encargaban de tensionar aún más los ánimos. Por las noches comenzaban sus ejercicios con los fusiles, matando perros y otros animales del sector. La idea era generar estrés y presión sicológica para recordarles siempre que eran prisioneros de guerra.

Chornik recuerda la semana santa del año '75, cuando uno de los comandantes a cargo decidió hacer un castigo sorpresa. "Fue una golpiza a medio campamento. De noche, cuando estábamos en nuestras respectivas cabañas, se metieron en algunas y sacaron gente. En la mía no pasaron, pero escuchábamos los quejidos, los

---

[132] Boris Chornik.

gritos y golpes que los militares le daban a los detenidos. Les pegaron porque sí no má'. Era como un desahogo para ellos. Puede que hayan estado borrachos o drogados, porque era demasiado el nivel de violencia"[133].

El miedo se propagó incluso en los más duros, y como levadura creció la tensión en los presos. A las pocas semanas de estar en Melinka, a Chornik se le presentó un cuadro de infecciones en la piel producto de las bajas defensas y las malas condiciones de sanidad, el hacinamiento en las cabañas (8 a 10 detenidos permanecían más de 10 horas diarias encerrados en un mismo espacio), la paupérrima alimentación y la abundancia de insectos.

Para contrarrestar este escenario, los detenidos ideaban formas de distraer sus mentes y cuerpos. Organizaban talleres artísticos, de lectura, artesanía y deportes. Los partidos políticos, al igual que en Tres Álamos y en otros campos de concentración, funcionaban clandestinamente y buscaban la manera de comunicarse con el exterior. Chornik, utilizando sus conocimientos en física de materiales, creó un horno solar a base de papel aluminio extraído de las cajetillas de cigarrillos que los presos le entregaban al finalizar la formación de la mañana. Su iniciativa permitió que todos tuvieran acceso a agua caliente y pudieran secar sus prendas en invierno.

Días antes de comunicársele su regreso a Tres Álamos, los detenidos fueron obligados a formar en el patio para pasar lista. Eran cerca de las seis de la tarde, en fila y marchando de un lugar del campo a otro, los "prisioneros de guerra" volvían de hacer su segundo saludo a la bandera.

"El cabo nos preguntó cuántos estábamos y cuántos no. Varias veces pasó lista, porque no le cuadraban los nombres o la cantidad de personas por cabaña. La gente se aburrió y comenzaron a escucharse murmullos. De pronto el comandante gritó: "¡silencio, aquí nadie habla!". Cuando dijo eso todos nos callamos excepto uno que justo hizo una carraspera. El comandante gritó: "¿quién tosió?".

---

133 Entrevista con la autora, 26 de mayo de 2014.

Como nadie dijo nada se enojó más, y nos empezó a dar órdenes, porque nadie denunciaba a quien había hecho ese ruido. Nos hizo hacer movimientos fuertes, y estar un buen rato con los brazos estirados al frente. Eso era realmente cansador después de un rato y hasta doloroso. Luego un preso dijo: "permiso, comandante, para levantar la mano". "¿Por qué?", le respondió el comandante. "Porque me está picando un zancudo". El comandante le negó el permiso a moverse. Cuando yo me moví, el comandante preguntó que quién se había movido. Le dije: "yo fui". Y me dijo: "¿y por qué?". Le contesté: "porque tengo una alergia", y el comandante quedó conforme con la respuesta. No me castigó"[134].

De regreso en Tres Álamos, las visitas fueron prácticamente diarias. Los pasajes financiados por el programa del Alto Comisionado de las Naciones Unidas para los Refugiados (ACNUR), más la colaboración desde Estados Unidos de su profesor de doctorado en Berkeley, Alan Portis, facilitaron el proceso de "abandono obligado del país" por "constituir un peligro para la seguridad interior del Estado", según se indica en el documento emitido el 17 de abril de 1975 por el Departamento de Extranjería y Migración del Ministerio del Interior de Chile.

El 6 de mayo de 1975, Chornik, su esposa Nora y un grupo de detenidos salieron de Tres Álamos con dirección al aeropuerto Comodoro Arturo Merino Benítez con escolta policial. Al llegar a las dependencias del aeródromo, se les entregó un pasaporte rojo marcado con la letra "L" encerrada en un círculo azul con la advertencia "Válido solo para salir del país", y un pasaje directo con destino a la ciudad de Caracas, Venezuela. Al subir al avión, agentes de la DINA también iban con ellos camuflados como supuestos pasajeros. La Junta Militar quería asegurarse que todos los expulsados se fueran y no volvieran a Chile.

Doce años estuvo en Venezuela haciendo clases e investigación en la Universidad Simón Bolívar, en Caracas. En este país nace su única hija, Katia. Al comienzo, tuvo una estadía de diez meses en

---

[134] Boris Chornik.

Berkeley, Estados Unidos, atendiendo una invitación de su profesor de doctorado, Dr. Alan Portis.

En medio de su estadía en Venezuela, Chornik viajó a París, Francia, donde estuvo un año. Volvió en varias ocasiones a Chile. Tras su expulsión, consiguió breves permisos para pisar tierra chilena. Fueron solo días, pero pudo reencontrarse con sus padres y amigos.

En 1988, habiendo conseguido la autorización permanente para ingresar al país, decidió regresar con su esposa Nora y Katia, que en esos años era estudiante de enseñanza básica y había comenzado sus estudios de violín, que los continuó y completó en la Pontificia Universidad Católica. En el mismo año fue recontratado como académico en la Facultad de Ciencias Físicas y Matemáticas de la U. de Chile donde se ha dedicado, hasta la fecha, a la docencia e investigación.

En la actualidad se reúne con frecuencia con ex presos políticos que pasaron por Venda Sexy y por Tres y Cuatro Álamos. Este último recinto fue declarado "monumento nacional en la categoría de monumento histórico de la casa de administración", así como parte del patio de visitas, el 27 de junio de 2012 bajo el decreto n°252 del Ministerio de Educación. Esto, gracias a los esfuerzos realizados por la Corporación 3 y 4 Álamos. Hoy la Corporación y los sobrevivientes buscan recuperar la totalidad del lugar para construir en él un Parque por la Paz y la Memoria.

ANEXOS

Monumento del campo de prisioneros de 3 y 4 Álamos, y retrato del "Chucho". Fotos: Sue Carrié.

Fachada actual de 3 y 4 Álamos, convertido hoy en un Centro de Reclusión de Menores. Foto: Sue Carrié.

Edificio del "Escolasticado San Pío X" de la Congregación Padres Oblatos de María Inmaculada, en mayo de 1961. Fotos: Gentileza del padre Hernán Correa.

Pasillo de uno de los pabellones del "Escolasticado San Pío X". Año 1961. Foto: Gentileza del padre Hernán Correa.

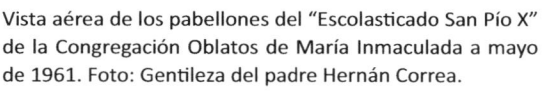

Profesores del "Escolasticado San Pío X". Año 1961. Foto: Gentileza del padre Hernán Correa.

Fachada actual del ex centro clandestino de detención "Venda Sexy", hoy recinto particular. Foto: Sue Carrié.

Vista aérea de los pabellones del "Escolasticado San Pío X" de la Congregación Oblatos de María Inmaculada a mayo de 1961. Foto: Gentileza del padre Hernán Correa.

Nota de Boris Chornik Aberbuch a su madre minutos antes de ser detenido.

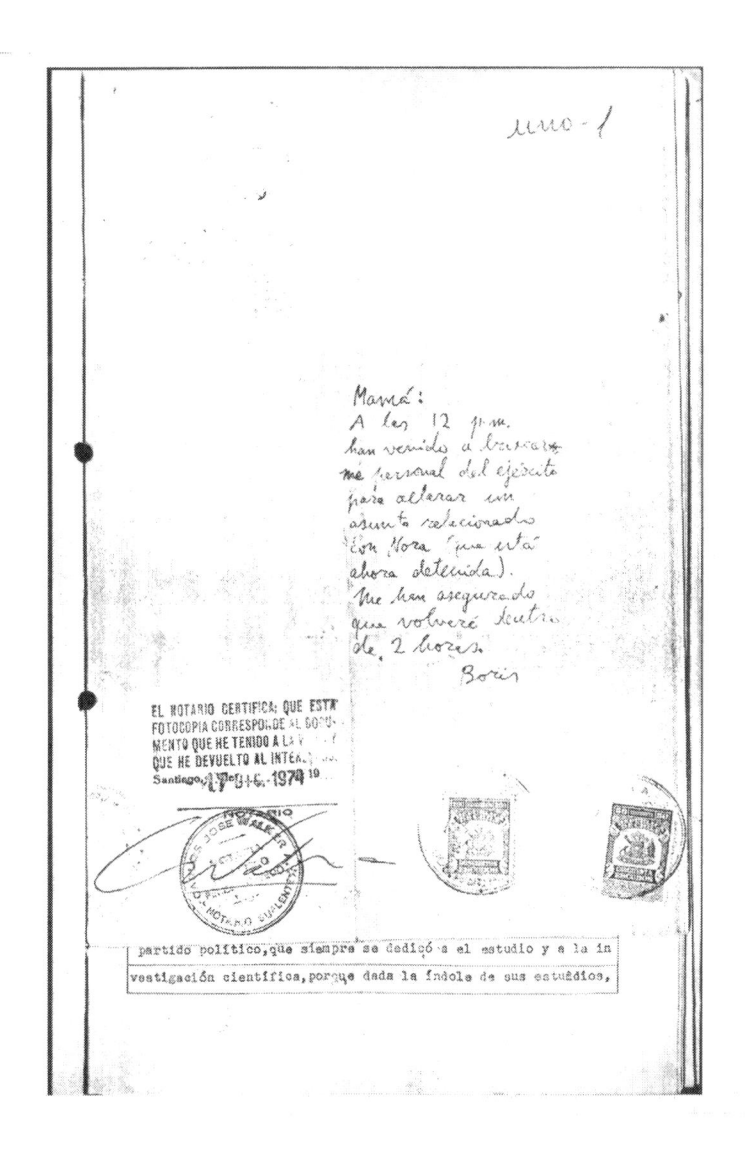

...LICA DE CHILE
... DE GOBIERNO
...RIO DEL INTERIOR
...ORIA JURIDICA

OF.CONF. N°1139/ 26-F-124

ANT: OF.CONF.s/n 18-12-74 Corte de Apelaciones.

MAT: Informa sobre la persona que indica.

SANTIAGO, 10 de Enero de 1975.

DEL MINISTRO DEL INTERIOR
AL PRESIDENTE DE LA I. CORTE DE APELACIONES

En atención a su Oficio s/n de 18 de Diciembre último, recaído en el recurso de amparo N°1605-74, cumplo con informar a US.I. que Boris Chormik Aberbuch se encuentra detenido en el Campamento Tres Álamos en cumplimiento de lo que ordena el Decreto Exento N°729 de este Ministerio, dictado en uso de la facultad que me concede el Decreto Ley N°228, en relación con el artículo 72 N°17 de la Constitución Política del Estado.

Saluda a US.I.,

RAUL BENAVIDES ESCOBAR
General de División
Ministro del Interior

JPAS/aBCO
Distribución:

1.- Corte de Apelaciones
2.- Ministerio de Defensa Nacional
3.- Confidencial
4.- Asesoría Jurídica

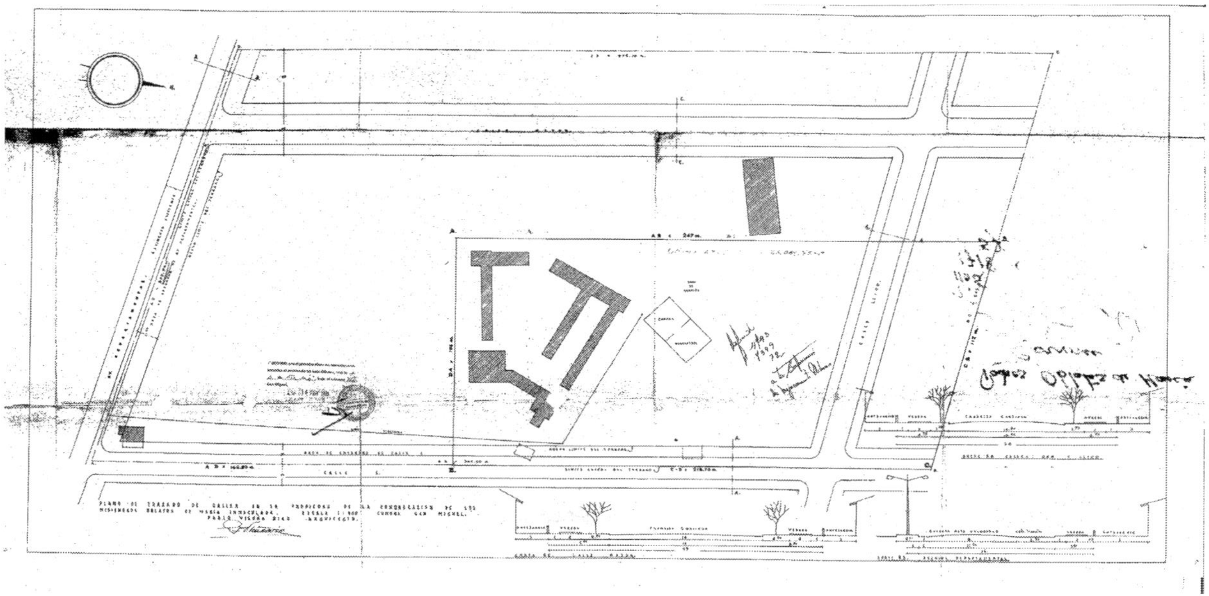

Plano de trazado de la propiedad de la Congregación de los Misioneros Oblatos de María Inmaculada con fecha 6 de octubre de 1962, antes de ser 3 y 4 Álamos.

Plano de Loteo del Consejo Nacional de Menores con fecha 11 de noviembre 1975, al poco tiempo de dejar de ser 3 y 4 Álamos.

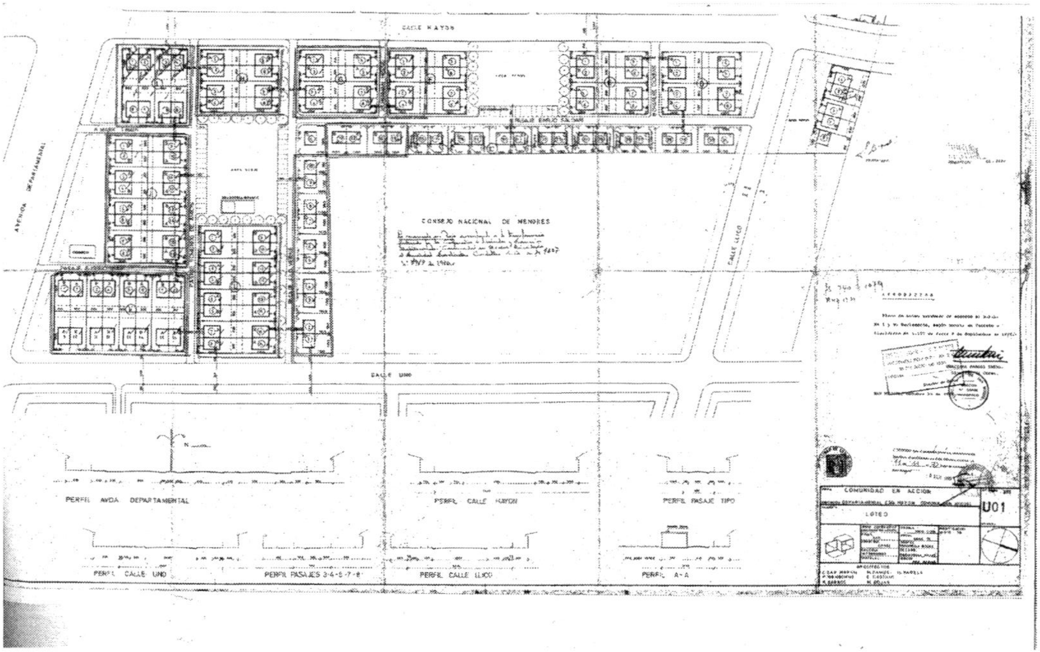

Printed in Great Britain
by Amazon